# Der Zahlenraum der natürlichen Zahlen

Die **Menge der natürlichen Zahlen** kürzt man mit $\mathbb{N}$ ab.

$\mathbb{N} = \{1; 2; 3; 4; 5; 6; 7; 8; ...\}$

Ergänzt man diese Meng… …an:

$\mathbb{N}_0 = \{0; 1; 2; 3; 4; 5; 6; 7; 8;$ …

**1** Das sind Tim und seine Schw…

Tim: „D… …999 999 999 ist die größte natürliche Zahl."

Lea: „Jede natürliche Zahl besitzt einen Nachfolger in den natürlichen Zahlen, also muss auch jede natürliche Zahl einen Vorgänger in den natürlichen Zahlen besitzen."

▸ Begründe mit je einem Zahlenbeispiel, warum keiner der beiden Recht hat.

**2** Auf dem Bild siehst du ein typisches Zahlenschloss für dein Fahrrad. An jeder Stelle lassen sich die Ziffern 1 bis 9 einstellen.

a) Welche ist die größte natürliche Zahl, die man auf dem Zahlenschloss einstellen kann?

b) Welche ist die kleinste Zahl?

c) Bestimme Vorgänger und Nachfolger der gerade eingestellten Zahl.

| Vorgänger | Zahl | Nachfolger |
|---|---|---|
| | | |

d) Lea sagt über ihre Fahrradschlossnummer: „Es ist die kleinste Zahl mit nur verschiedenen ungeraden Ziffern." Gib die Zahl an.

e) Tim merkt sich seine Nummer so: „Sie ist die größte gerade Zahl." Wie heißt seine Nummer?

# Große natürliche Zahlen

Man kann große Zahlen leichter überblicken, wenn man sie – von hinten beginnend – mit Punkten in **Dreierpäckchen** gliedert oder sie in eine **Stellenwerttafel** einträgt.

26045738369372 = 26.045.738.369.372 (Gliederung in Dreierpäckchen)

| Billionen | | | Milliarden | | | Millionen | | | Tausender | | | | | |
|---|---|---|---|---|---|---|---|---|---|---|---|---|---|---|
| H | Z | E | H | Z | E | H | Z | E | H | Z | E | H | Z | E |
| | 2 | 6 | 0 | 4 | 5 | 7 | 3 | 8 | 3 | 6 | 9 | 3 | 7 | 2 |

Zahl in Worten:
sechsundzwanzig **Billionen** fünfundvierzig **Milliarden**
siebenhundertachtunddreißig **Millionen**
dreihundertneunundsechzig**tausend**dreihundertzweiundsiebzig

**3** Schreibe die folgenden Zahlen in Worten auf deinen Block.

| Billionen | | | Milliarden | | | Millionen | | | Tausender | | | | | |
|---|---|---|---|---|---|---|---|---|---|---|---|---|---|---|
| **H** | **Z** | **E** | **H** | **Z** | **E** | **H** | **Z** | **E** | **H** | **Z** | **E** | **H** | **Z** | **E** |
| | 8 | 3 | 0 | 4 | 9 | 4 | 2 | 0 | 0 | 1 | 5 | 4 | 6 | 9 |
| 4 | 6 | 1 | 9 | 7 | 7 | 4 | 0 | 5 | 2 | 7 | 3 | 8 | 8 | 8 |

**4** Lies die Zahlen und trage sie in die Stellenwerttafel ein.
Einige Ziffern sind schon vorgegeben.

a) drei Millionen fünfhundertsiebzigtausenddreihunderteinundvierzig
b) neunhundertneunzehntausendneunhundertneunzig
c) drei Billionen zwei Millionen einhundertdreizehntausendfünfhundert

| | Billionen | | | Milliarden | | | Millionen | | | Tausender | | | | | |
|---|---|---|---|---|---|---|---|---|---|---|---|---|---|---|---|
| | **H** | **Z** | **E** | **H** | **Z** | **E** | **H** | **Z** | **E** | **H** | **Z** | **E** | **H** | **Z** | **E** |
| a) | | | | | | | | | | 5 | | 0 | | 4 | |
| b) | | | | | | | | | | 9 | | 9 | 9 | | |
| c) | | | | 0 | 0 | | | 0 | | | 1 | | | | 0 |

▸ Kreuze die größte Zahl der Stellenwerttafel an: a), b) oder c)?

**5** Lies die Zahl. Gib jeweils den Vorgänger (Zahl – 1) und den Nachfolger (Zahl +1) der Zahl an.

| Vorgänger | Zahl | Nachfolger |
|---|---|---|
| | 567 765 567 | |
| | 88 888 888 888 | |
| | 1 234 567 990 | |
| | 789 789 999 | |

**6** ▸ Gliedere die angegeben Zahlen durch Punkte zunächst in Dreierpäckchen. Schau dir dazu den Merkkasten an.

▸ Ordne die Zahlen der Größe nach. Beginne mit der kleinsten Zahl.

26.347.788, 5147792, 12482478, 463152368, 8463841, 8963841698

5 147 792 < ____________ < ____________ <

____________ < ____________ < ____________

**7** Finde die Zahl. Als Hilfe kannst du die Stellenwerttafel verwenden oder die Zahlen zunächst übersichtlich in Dreierpäckchen gliedern.

a) die größte 10-stellige Zahl, die nur aus geraden Ziffern besteht

Die Zahl heißt: ____________________.

b) die kleinste 8-stellige Zahl, die aus lauter verschiedenen Ziffern besteht

Die Zahl heißt: ____________________.

c) die größte 12-stellige gerade Zahl

Die Zahl heißt: ____________________.

d) die kleinste 15-stellige Zahl, die mit sieben Fünfern beginnt und sonst nur noch andere, jeweils unterschiedliche Ziffern besitzt

Die Zahl heißt: ____________________.

**8** a) Bilde aus je zwei verschiedenen Kärtchen sechs unterschiedliche 6-stellige Zahlen.

287 321 319

______________________________________________

______________________________________________

b) Ordne die 6-stelligen Zahlen der Größe nach.

__________ < __________ < __________ <

__________ < __________ < __________

c) Bilde anschließend aus allen drei Kärtchen zusammen die größtmögliche 9-stellige natürliche Zahl und schreibe sie in Worten auf.

______________________________________________

______________________________________________

______________________________________________

**9** Mathelabyrinth: Finde den Weg von Lea (**L**) zu Tim (**T**) zweimal über die kleinste und zweimal über die größte Zahl. Die jeweilige Zahl ergibt sich dabei aus der Reihenfolge der überlaufenen Ziffern. Jedes Feld darf jeweils **nur einmal** überschritten werden und man darf **nicht diagonal** laufen.

kleinste Zahl:

| | | | |
|---|---|---|---|
| **L** | 1 | 3 | 7 |
| 2 | 0 | 8 | 5 |
| 4 | 6 | 1 | 9 |
| 7 | 5 | 3 | **T** |

größte Zahl:

| | | | |
|---|---|---|---|
| **L** | 1 | 3 | 7 |
| 2 | 0 | 8 | 5 |
| 4 | 6 | 1 | 9 |
| 7 | 5 | | **T** |

kleinste Zahl:

| | | | |
|---|---|---|---|
| **L** | 9 | 2 | 5 |
| 5 | 3 | 4 | 7 |
| 7 | 1 | 6 | 3 |
| 1 | 0 | 8 | **T** |

größte Zahl:

| | | | |
|---|---|---|---|
| **L** | 9 | 2 | 5 |
| 5 | 3 | 4 | 7 |
| 7 | 1 | 6 | 8 |
| | 0 | 8 | **T** |

Das graue Feld wird jeweils nicht überschritten.

# Zahlenstrahl – Zahlenhalbgerade

Zur Darstellung von natürlichen Zahlen verwendet man häufig einen Zahlenstrahl. Je größer eine Zahl ist, desto weiter rechts liegt sie. Den Abstand zwischen zwei aufeinanderfolgenden natürlichen Zahlen nennt man **Einheit des Zahlenstrahls**. Beachte, dass oft nur ein Ausschnitt des Zahlenstrahls dargestellt wird.

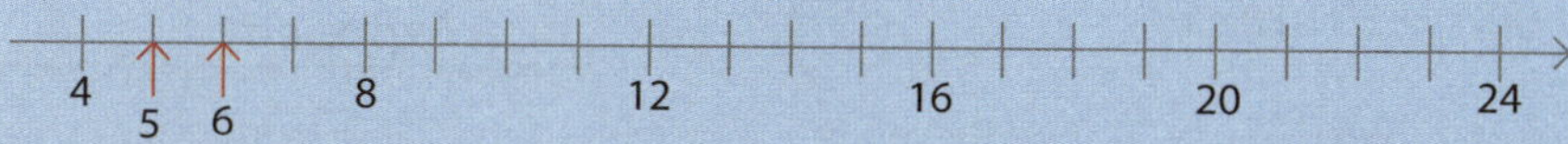


Nimm dein Lineal und miss den Abstand zwischen den Zahlen 5 und 6.
Einheit im Beispiel: ______ cm.

**10** Trage auf dem Zahlenstrahl die markierten Zahlen korrekt ein.
Hinweis: Zähle die Abschnitte zwischen 7 000 und 10 000 ab.

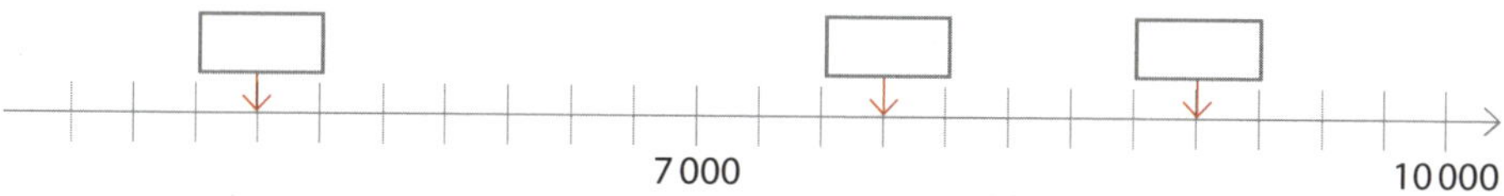


**11** Trage die passenden Zahlen in die Kästchen ein.

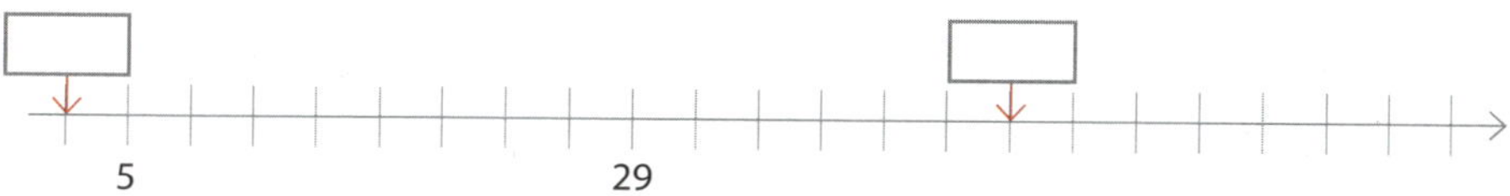


**12** Die Zahlen 3 721 und 3 739 liegen am Zahlenstrahl 9 cm voneinander entfernt. Zeichne diesen Zahlenstrahl und bestimme seine Einheit. (Block.)

Trage ebenfalls die Zahlen 3 720, 3 729 und 3 735 ein.

**13** a) Zeichne den Ausschnitt eines Zahlenstrahls mit geeigneter Einheit, so dass du dort die Zahlen 5 725, 5 800 und 6 000 eintragen kannst.

b) Wie viele cm ist bei deiner Einheit die Zahl 3 000 von der Zahl Null entfernt? (Hier musst du rechnen, nicht zeichnen.)

## 10er-Potenzen

Um große natürliche Zahlen nicht ausschreiben zu müssen, verwendet man zur Abkürzung oft die Potenzschreibweise. Es gilt:

| | | |
|---|---|---|
| **1** | | $= \mathbf{10^0}$ |
| 10 | $= 1 \cdot 10$ | $= 10^1$ |
| 100 | $= 10 \cdot 10$ | $= 10^2$ |
| 1 000 | $= 10 \cdot 10 \cdot 10$ | $= 10^3$ |
| usw. | | |

Die Zahl 10 nennt man **Basis**, die kleine Zahl oben an der Zehn nennt man **Exponent**.

Tipp: Der Exponent sagt dir, wie viele Nullen an die **1** angehängt werden müssen, z. B. $10^3 = \mathbf{1000}$ oder $10^6 = \mathbf{1\,000\,000}$.

**14** Schreibe folgende Zahlen zunächst als Ziffern und dann in Worten.

$7 \cdot 10^5$ = **700 000** **siebenhunderttausend**

a) $13 \cdot 10^5$ = ____________ ____________________

b) $4 \cdot 10^0$ = ____________ ____________________

c) $93 \cdot 10^7$ = ____________ ____________________

**15** Schreibe die folgenden Zahlen zuerst in Ziffern, dann mit Hilfe einer Zehnerpotenz.

zwei Millionen = **2 000 000** = $\mathbf{2 \cdot 10^6}$

a) drei Billionen = ______________________________

b) achtzehn Milliarden = ______________________________

c) fünfunddreißigtausend = ______________________________

**16** Vergleiche die Zahlen miteinander und setze jeweils das richtige Zeichen ein: >, < oder =.

85 697 241 632 ☐ neun Billionen

$10^7$ ☐ 1 200 000

$10^9$ ☐ 999 999 999

$3 \cdot 10^6$ ☐ drei Millionen

**17** Die Größe eines Planeten wird oft durch die Länge seines Durchmessers angegeben. Schreibe als Zahl. Ordne die Planeten der Größe nach, beginne mit dem kleinsten. Schreibe die Ziffern von 1 bis 8 in die Kästchen davor.

| | Name des Planeten | Durchmesser in Meter |
|---|---|---|
| | Merkur | $484 \cdot 10^4 =$ |
| | Venus | $124 \cdot 10^5 =$ **12 400 000** |
| | Erde | $1\,2742 \cdot 10^3 =$ |
| | Mars | $68 \cdot 10^5 =$ |
| | Jupiter | $1\,428 \cdot 10^5 =$ |
| | Saturn | $1\,208 \cdot 10^5 =$ |
| | Uranus | $476 \cdot 10^5 =$ |
| | Neptun | $446 \cdot 10^5 =$ |

## Runden natürlicher Zahlen

Sieh dir beim Runden auf eine bestimmte Stelle zunächst die Ziffer rechts von dieser Stelle an:
Ist diese Ziffer eine 0, 1, 2, 3 oder 4, so wird abgerundet.
Ist diese Ziffer eine 5, 6, 7, 8 oder 9, so wird aufgerundet.

Runde die Zahl 287 652 auf Tausender (**T**): 287 652 ≈ **288 000**

Stelle, auf die gerundet werden soll

Ziffer rechts davon: **6**
→ aufrunden, (denn 5, 6, 7, 8 und 9 werden aufgerundet)

≈ bedeutet: „ist ungefähr gleich“

**18** Runde die folgenden Zahlen auf die in Klammern angegebene Stelle.

a) 584 698 (**H**) ≈ ______

b) 978 563 845 (ZT) ≈ ______

c) 8 541 698 254 210 (Mrd) ≈ ______

d) 36 955 222 (HT) ≈ ______

e) 799 797 797 (M) ≈ ______

**19** a) Runde die Höhen der Berge auf Hunderter und trage sie ins Säulendiagramm ein.

Mont Blanc – Frankreich (4 810 m) ≈ ______________________

Matterhorn – Schweiz (4 478 m) ≈ ______________________

Eiger – Schweiz (3 970 m) ≈ ______________________

Piz Palü – Schweiz (3 901 m) ≈ ______________________

Großglockner – Österreich (3 798 m) ≈ ______________________

Ätna – Italien (3 323 m) ≈ ______________________

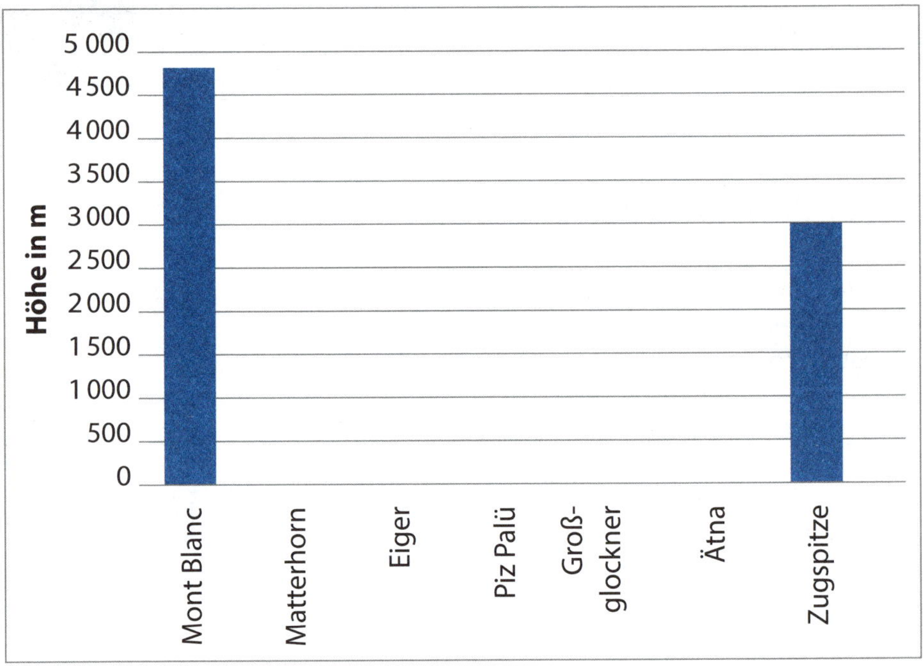


b) Lies die gerundete Zahl zur Höhe der Zugspitze, dem höchsten Berg Deutschlands, aus dem Diagramm ab. Kreuze passend die tatsächliche Höhe an. Begründe, warum nur eine Lösung stimmen kann.

Die Zugspitze ist ...

○ 3 557 m ○ 2 964 m ○ 2 610 m ○ 3 199 m hoch.

**20** In der Tabelle stehen Bevölkerungszahlen der sechs größten deutschen Städte. (Zahlen stammen vom Statistischen Bundesamt von 2013.)

a) Runde die Einwohnerzahlen auf Tausender und sortiere die Städte anschließend der Größe nach. Schreibe die Zahlen von 1 bis 6 dazu. Beginne mit der größten Stadt.

| | Stadt | Einwohnerzahl |
|---|---|---|
| | Berlin | 3 421 829 ≈ |
| | Frankfurt a. Main | 701 350 ≈ |
| | Hamburg | 1 746 342 ≈ |
| | Köln | 1 034 175 ≈ |
| | München | 1 407 836 ≈ |
| | Stuttgart | 604 297 ≈ |

b) Wie viele Einwohner haben diese Städte ungefähr zusammen? Rechne mit den gerundeten Werten.

**21** Gib jeweils die größte und die kleinste Zahl an, die ...

auf Hunderter gerundet 86 **500** ergibt.
größte Zahl: **86 549 (abgerundet)** kleinste Zahl: **86 450 (aufgerundet)**

a) auf Zehner gerundet 597 580 ergibt.

größte Zahl: ____________ kleinste Zahl: ____________

b) auf Zehntausender gerundet 810 000 ergibt.

größte Zahl: ____________ kleinste Zahl: ____________

c) auf Hunderttausender gerundet 1 000 000 ergibt.

größte Zahl: ____________ kleinste Zahl: ____________

# Addition und Subtraktion

Das Zusammenzählen von Zahlen nennt man **Addieren**, das Abziehen **Subtrahieren**. Die Addition und die Subtraktion sind zueinander entgegengesetzte Rechenarten, was du für die Probe nutzen kannst.

Umkehraufgabe

$27 + 13 = 40 \leftrightarrow 40 - 27 = 13$

1. Summand | 2. Summand | Wert der Summe

Minuend (1. Zahl) | Subtrahend (2. Zahl) | Wert der Differenz

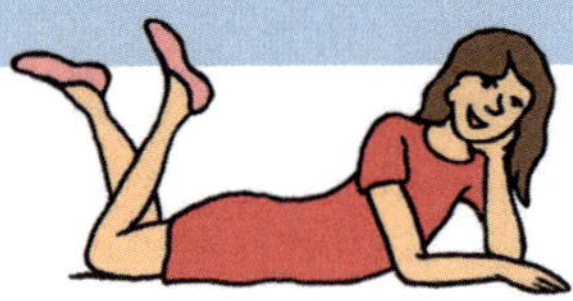

Tipp: **M** kommt im Alphabet vor **S**: **M**inuend (1. Zahl) vor **S**ubtrahend (2. Zahl).

**22** Berechne ...

a) den Wert der Summe aus den Zahlen 1 862 und 981.

b) den Wert der Differenz aus den Zahlen 833 und 752.

**23** Welche Zahl ist der Minuend, wenn der Wert der Differenz 85 und der Subtrahend 92 ist?

**24** Kreuze in der Tabelle jeweils an, ob die Aussage richtig oder falsch ist.

| | richtig | falsch |
|---|---|---|
| a) Vertauscht man 1. Summanden und 2. Summanden, so bleibt der Wert der Summe gleich. | | |
| b) Verdoppelt man Minuend und Subtrahend, so bleibt der Wert der Differenz gleich. | | |
| c) Sind der 1. und der 2. Summand die gleiche Zahl, so ist der Wert der Summe immer eine gerade Zahl. | | |

**25** Wie verändert sich der Wert einer Summe, wenn man den ersten Summanden um 3 vergrößert?

$$+3 \left( \begin{array}{l} 60 + 20 = \mathbf{80} \\ \mathbf{63} + 20 = \mathbf{83} \end{array} \right\} \mathbf{83 - 80 = 3}$$

Überlege mit Hilfe eines Beispiels:
Wie verändert sich der Wert einer Summe, wenn man ...

a) den zweiten Summanden um 6 verkleinert?

b) beide Summanden um 4 vergrößert?

**26** Wie verändert sich der Wert einer Differenz, wenn man ...

a) den Minuend um 5 vergrößert?

b) den Subtrahend um 4 vergrößert?

c) den Minuend und den Subtrahend um 2 verkleinert?

Auch hier hilft es, sich ein Beispiel auszudenken.

**27** Knobelspaß für zwischendurch: Was bedeuten die Zeichen?

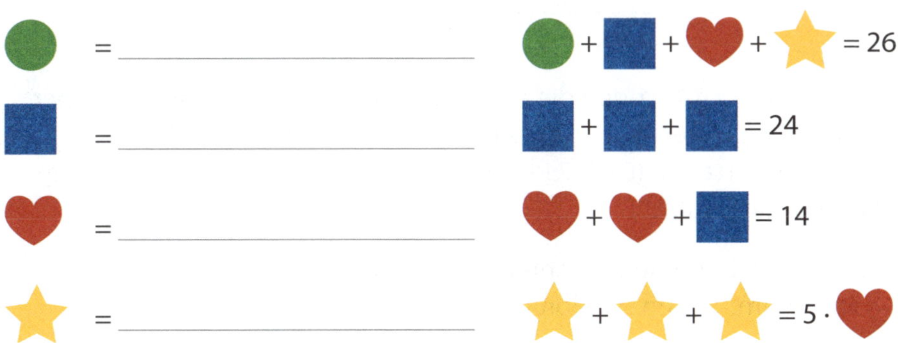

**28** Wähle jeweils immer zwei der Karten am Rand aus und setze ein Rechenzeichen ein, so dass ...

15 000 | 25 000 | 10 000 | 30 000 | 18 000 | 50 000

a) die Summe der beiden Karten kleiner als 30 000 ist.

☐ ○ ☐ < 30 000

b) die Differenz der beiden Karten genau 5 000 ergibt.

☐ ○ ☐ = 5 000

c) der Differenzwert der Null am nächsten liegt.

☐ ○ ☐

**29** Bilde aus den Ziffern 1, 3, 5, 7 und 9 zwei verschiedene 5-stellige Zahlen. Du darfst bei jeder Zahl jede Ziffer nur einmal verwenden.

a) Die Summe der beiden Zahlen soll möglichst groß sein.

☐☐☐☐☐
\+ ☐☐☐☐☐

b) Die Differenz der beiden Zahlen soll möglichst klein sein.

☐☐☐☐☐
− ☐☐☐☐☐

**30** Bei der WM 2014 fanden die ersten drei Gruppenspiele mit deutscher Beteiligung in der Arena Fonte Nova, Salvador (48 747 Plätze), dem Estadio Castelão, Fortaleza (67 037 Plätze) und der Arena Pernambuco, Recife (46 000 Plätze) statt.

a) Wie viele Zuschauer konnten diese drei Spiele insgesamt live im Stadion verfolgen?

b) Wie viele Zuschauer mehr hätten es sein können, wenn alle drei Gruppenspiele nur im größten der drei Stadien stattgefunden hätten?

**31** Lea und Tim arbeiten an der Schülerzeitung mit. Für einen ihrer Berichte finden sie heraus, wie viele Schülerinnen und Schüler in ganz Bayern aufs Gymnasium gehen. Im Internet finden sie folgende Tabelle:

| Regierungsbezirk | Schülerzahl |
|---|---|
| Oberbayern | |
| Niederbayern | 29 382 |
| Oberfranken | |
| Mittelfranken | 50 826 |
| Unterfranken | |
| Oberpfalz | |
| Schwaben | |

a) Fülle die Tabelle mit Hilfe folgender Informationen vollständig aus:

- Insgesamt gehen 354 629 Schüler in ganz Bayern aufs Gymnasium.
- In Oberbayern gibt es dreimal so viele Gymnasiasten wie in Schwaben.
- In Unterfranken gibt es 8 733 Gymnasiasten mehr wie in der Oberpfalz.
- In Schwaben gehen 5 568 Schüler weniger aufs Gymnasium als in Mittelfranken.
- In der Oberpfalz sind es 2 161 Gymnasiasten weniger als in Niederbayern.

b) Wie viele Schülerinnen und Schüler fehlen noch, damit insgesamt genau 400 000 Schülerinnen und Schüler ein Gymnasium besuchen?

**32** Tim gibt Lea zwei Eimer. In den blauen Eimer passen genau 5 Liter Wasser, in den roten genau 3 Liter. Lea darf die Eimer ausleeren oder am Wasserhahn füllen, so oft sie möchte.

- Gelingt es Lea durch überlegtes Umschütten, den blauen Eimer mit genau 4 Litern zu füllen?

## Rechengesetze und Rechenvorteile

Beim Addieren darf man Summanden vertauschen (**K**ommutativ**g**e-setz) und Klammern beliebig setzen oder weglassen (**A**ssoziativ**g**esetz). **Klammern werden zuerst berechnet.**

(**KG**) Für alle natürlichen Zahlen a, b gilt: $a + b = b + a$
(**AG**) Für alle natürlichen Zahlen a, b, c gilt: $a + (b + c) = (a + b) + c$

Beachte aber, dass **KG** und **AG** nicht für die Subtraktion gelten.

(**KG**) $5 + 8 = 8 + 5$ (**AG**) $3 + (5 + 8) = (3 + 5) + 8$

Aus den Gesetzen ergeben sich **Rechenvorteile**:

Bei einer Aufgabe mit Plus- und Minusgliedern, darf man erst alle Plusglieder und alle Minusglieder getrennt voneinander addieren. Anschließend muss man die Summe der Minusglieder von der Summe der Plusglieder subtrahieren.

$3 + 8 - 4 + 6 - 3 - 2 = (3 + 8 + 6) - (4 + 3 + 2) = 17 - 9 = 8$

Das **KG** erleichtert oft das Addieren im Kopf.

**33** Berechne vorteilhaft auf deinem Block.

$5 + 8 + 7 + 2 + 13 + 5 =$ **$(5 + 5) + (8 + 2) + (7 + 13) = 10 + 10 + 20 = 40$**

a) $21 + 13 - 24 - 11 + 48 - 5 + 16 + 2$

b) $(77 + 33 + 64) + (23 + 6 + 97)$

c) $5\,200 + 2\,200 - 3\,600 + 350 - 2\,800 - 2\,200 + 2\,650 - 1\,600$

**34** Lea bekommt von ihrem Opa Michael zum Geburtstag 20 €, die sie in ihren Geldbeutel steckt. Darin waren noch 2 €. Beim Spazierengehen kauft sie sich Eis für 3 € und Gummibärchen für 4 €. Tante Trudi schenkt ihr 18 €. Am Abend gehen Lea und Tim ins Kino. Eine Karte kostet 5 €. Lea bezahlt für beide.

▸ Wie viel Geld bleibt Lea übrig?
Löse mit einer vorteilhaften Rechnung.

# Terme

**Klammern haben Vorrang.** Man berechnet Klammern immer von innen nach außen. Enthält der Term keine Klammern, wird grundsätzlich von links nach rechts gerechnet. (Das KG könntest du anwenden.)

[(28 + 12) – (5 + 13)] – 2 = [40 – 18] – 2 = 22 – 2 = 20
28 + 12 – 5 + 13 – 2 = 40 – 5 + 13 – 2 = 35 + 13 – 2 = 48 – 2 = 46

**35** Berechne die Terme. Beschreibe die Terme anschließend in Worten. Die farbigen Lückentexte helfen dir dabei.

a) (29 + 27) + (91 – 38) = ______________________________

**Addiere** zur **Summe** aus den Zahlen **29** und ____

die ______________________ aus den Zahlen ____ und ____.

b) [321 + (55 – 33)] – **111** = ______________________________

______________________ von der ______________________ aus

**321** und der ______________________ aus **55** und **33** die **Zahl** ________.

**36** Schreibe den Term auf und berechne ihn. Achte auf die Klammern.

a) Addiere zur Zahl 540 die Differenz aus 620 und 380.

______________________________

b) Subtrahiere von der Summe der Zahlen 2 870 und 1 130 die Differenz aus 580 und 395.

______________________________

c) Subtrahiere die Differenz aus 1 230 und 160 von der Differenz aus der Zahl 3 450 und der Summe aus 870 und 1 290.

______________________________

______________________________

**37** Berechne den Term [1 600 – (460 + 540)] + (1 100 – 750) in einer Rechnung.

a) Um wie viel verändert sich der Term, wenn man alle Klammern weglässt?

b) Wie verändert sich der Wert des Terms, wenn man jede darin vorkommende Zahl um 5 vergrößert. Löse ohne zu berechnen.

**38** Ein Regionalexpress besteht aus fünf Waggons. Im ersten Waggon sitzen 45 Fahrgäste. Im zweiten sitzen 11 mehr als im ersten, im dritten 15 weniger als im ersten, im vierten 8 weniger als im zweiten und im letzten sitzen 13 Fahrgäste. Wie viele Fahrgäste befinden sich insgesamt im Zug?

▶ Löse die Aufgabe mit Hilfe der Skizze. Trage Teilrechnungen in die Waggons ein. Stelle anschließend einen Gesamtterm auf.

**39** Lea und Tim unternehmen mit ihrer Familie am Wochenende eine lange Wanderung. Sie starten am Parkplatz in Wildbad Kreuth (793 m), steigen auf bis zur Siebenhüttenalm (837 m). Nach weiteren 126 Höhenmetern erreichen sie die Große Wolfsschlucht. Bis zum Gipfel des Schildensteins sind es jetzt nur noch 650 Höhenmeter. Den Rückweg nehmen sie über die Königsalm (1 230 m) bis hinunter zum Parkplatz.

a) Wie viele Höhenmeter sind Lea und Tim aufgestiegen?

b) Wie hoch liegt der Schildenstein?

Den Begriff „Höhenmeter" findest du bei Aufgabe **103** erklärt.

**40** Lea und Tim sind mit ihren Eltern auf einer Deutschland Tour. Sie starten ihre Tour am Marienplatz in **München**. Ihr erster Stopp ist im 144 km entfernten **Ulm**, wo sie ihre Tante Tina besuchen. Am nächsten Tag fahren sie weiter nach **Stuttgart**. Diese Etappe ist 50 km kürzer als die erste. Auf dem 150 km langen Weg nach **Würzburg** bemerkt Tim, dass er sein Lieblingsbuch in Stuttgart vergessen hat. Das Buch abzuholen kostet sie 50 km extra. Weiter geht es über **Erfurt** nach **Leipzig** (340 km). Dort zeigt ihr Tacho einen Stand von 142 735 km an. Ihre letzte Etappe führt sie in das 190 km entfernte **Berlin**. (Siehe **rote Pfeile**.)

a) Wie hoch war der Tachostand zu Beginn ihrer Tour?

b) Auf dem Rückweg fahren sie den direkten Weg von **Berlin** zurück nach **München**. Diese Strecke ist 320 km kürzer als die Strecke über Ulm, Stuttgart, Würzburg, Erfurt und Leipzig (ohne den Umweg, den sie zusätzlich gefahren sind). (Siehe **blaue Pfeile**.)
Wie hoch ist der Tachostand bei ihrer Rückkehr? Rechne schrittweise. Kannst du auch einen Gesamtterm aufstellen?

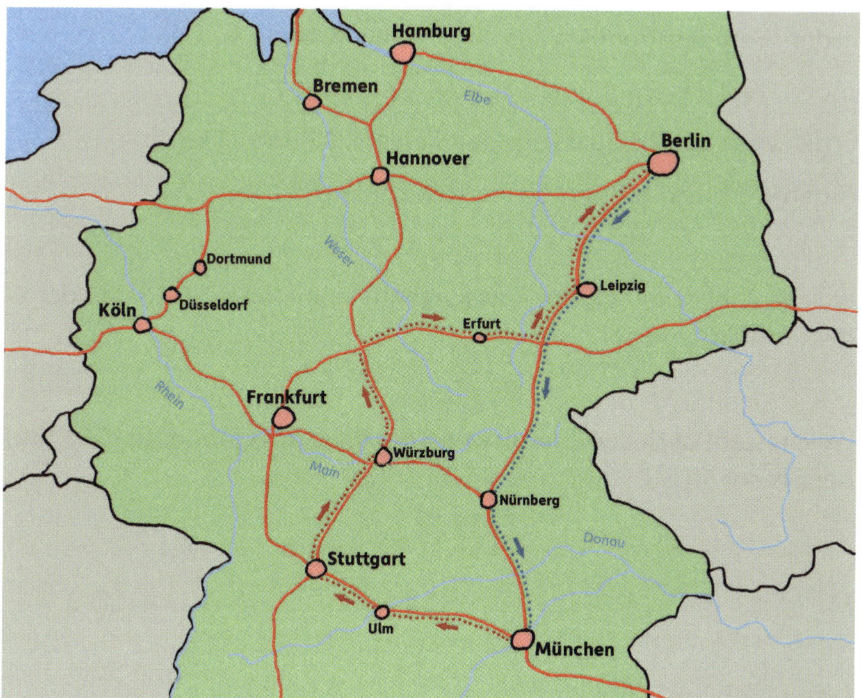

# Multiplikation und Division

Das Malnehmen von Zahlen nennt man **Multiplizieren**, das Teilen **Dividieren**. Die Multiplikation und die Division sind zueinander entgegengesetzte Rechenarten, was man gut für die Probe nutzen kann.

Umkehraufgabe

$15 \cdot 30 = 450 \longleftrightarrow 450 : 30 = 15$

1. Faktor · 2. Faktor = Wert des Produkts

Dividend (1. Zahl) : Divisor (2. Zahl) = Wert des Quotienten

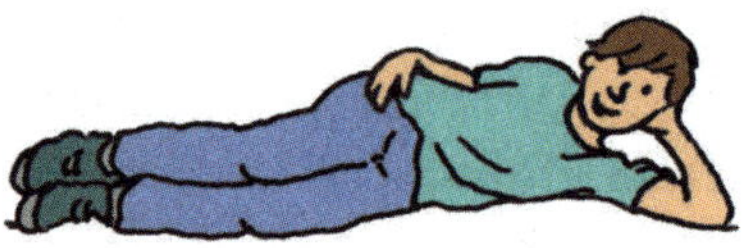

Tipp:
Im Alphabet steht **D** vor **S**:
Divi**d**end vor Divi**s**or.

**41** Berechne ...

a) den Wert des Produkts aus den Zahlen 48 und 11.

b) den Wert des Quotienten aus den Zahlen 182 und 14.

c) den Wert des Produkts aus den Zahlen 202 und 111.

d) den Wert des Quotienten aus den Zahlen 350 und 25.

**42** Welche Zahl ist der zweite Faktor, wenn der erste Faktor 26 und der Wert des Produkts 286 ist?

**43** Welche Zahl ist der Dividend, wenn der Wert des Quotienten 105 und der Divisor 50 ist?

**44** Wie verändert sich der Wert eines Produkts, wenn man den ersten Faktor **verdoppelt**?

$60 \cdot 25 = \mathbf{1\,500}$

$\cdot\, \mathbf{2}$ → $\mathbf{120} \cdot 25 = \mathbf{3\,000}$

$\mathbf{3\,000 : 1\,500 = 2}$

Überlege mit Hilfe eines Beispiels:
Wie verändert sich der Wert eines Produkts, wenn man ...

a) den zweiten Faktor halbiert?

b) beide Faktoren verdoppelt?

**45** Überlege mit Hilfe eines Beispiels:
Wie verändert sich der Wert eines Quotienten, wenn man ...

a) den Divisor halbiert?

b) den Dividend und den Divisor verdreifacht?

**46** Tims Lieblingsbuch ***Kalle Blomquist*** hat insgesamt 250 Seiten. Auf jeder Seite befinden sich ca. 940 Zeichen. (Ein Zeichen ist entweder ein Buchstabe, ein Satzzeichen wie Komma oder Punkt oder auch ein Leerzeichen.)

a) Wie viele Zeichen befinden sich insgesamt im ganzen Buch? Mache zunächst einen Überschlag.

Tipp: Beim **Überschlag** rundet man jeden Faktor so, dass sich die Rechnung leicht im Kopf lösen lässt.

b) Wie viele Stunden und Minuten hätte eine Sekretärin von Astrid Lindgren ungefähr gebraucht, um dieses Buch einmal zu tippen, wenn sie pro Minute ungefähr 200 Zeichen tippen kann?

# Rechengesetze und Rechenvorteile

Beim Multiplizieren darf man Faktoren vertauschen (**K**ommutativ**g**esetz) und Klammern beliebig setzen oder weglassen (**A**ssoziativ**g**esetz).

(**KG**) Für alle natürlichen Zahlen a, b gilt: $a \cdot b = b \cdot a$
(**AG**) Für alle natürlichen Zahlen a, b, c gilt: $a \cdot (b \cdot c) = (a \cdot b) \cdot c$

(**KG**) $5 \cdot 8 = 8 \cdot 5$ (**AG**) $3 \cdot (5 \cdot 8) = (3 \cdot 5) \cdot 8$

**47** Berechne geschickt und gib die dabei verwendeten Rechengesetze an.

$25 \cdot 17 \cdot 4 \overset{KG}{=} \mathbf{25 \cdot 4 \cdot 17} \overset{AG}{=} \mathbf{(25 \cdot 4) \cdot 17 = 100 \cdot 17 = 1\,700}$

a) $125 \cdot 63 \cdot 8 =$ ______________________________

______________________________

b) $25 \cdot 50 \cdot 8642 \cdot 20 \cdot 4 =$ ______________________________

______________________________

**48** Stelle zunächst einen Term auf und berechne ihn dann. Verwende zur leichteren Berechnung auch die Rechengesetze.

a) Multipliziere das Doppelte von 25 mit der Zahl 37 und der Hälfte von 4.

b) Multipliziere das Produkt aus dem Dreifachen von 25 und der Zahl 33 mit dem Produkt aus der Zahl 4 und dem Fünffachen von 12.

**49** a) Schreibe alle Möglichkeiten auf, wie man die Multiplikation der drei Zahlen 2, 3 und 25 durchführen kann.

b) Welche der Möglichkeiten ist die geschickteste? Begründe deine Antwort.

## Teilbarkeitsregeln

| **Eine Zahl ist teilbar durch ...** | **wenn ...** |
|---|---|
| **2,** | die Zahl **gerade** ist, d. h. sie endet auf **0**, **2**, **4**, **6** oder **8**; |
| | z. B. 33 97**4**. |
| **3,** | die **Quersumme** der Zahl durch **3 teilbar** ist; |
| | z. B. 585 (**Quersumme = 18**, 18 ist durch **3 teilbar**). |
| **4,** | die letzten zwei Ziffern der Zahl als Zahl gelesen durch 4 teilbar sind; |
| | z. B. 23 4**12** (12 ist **durch 4 teilbar**.). |
| **5,** | die **letzte Ziffer** der Zahl eine **0** oder **5** ist; |
| | z. B. 30 98**5**. |
| **9,** | die **Quersumme** der Zahl durch **9 teilbar** ist; |
| | z. B. 78 507 (**Quersumme = 27**, 27 ist durch **9 teilbar**). |
| **10,** | die **letzte Ziffer** der Zahl eine **0** ist; |
| | z. B. 29 09**0**. |

Tipp: Die **Quersumme** einer Zahl ist die **Summe ihrer Ziffern**.

Die Quersumme der Zahl 3 765 ist 3 + 7 + 6 + 5 = **21.**

**50** Kreuze die passenden Teiler der Zahl an.

| Zahl | 2 ist Teiler | 3 ist Teiler | 4 ist Teiler | 5 ist Teiler | 9 ist Teiler | 10 ist Teiler |
|---|---|---|---|---|---|---|
| 388 | | | | | | |
| 30 000 | | | | | | |
| 100 008 | | | | | | |
| 1 425 | | | | | | |
| 151 | | | | | | |

**51** Formuliere wie im Merkkasten eine Regel für die Teilbarkeit durch ...

a) die Zahl 6. b) die Zahl 8. c) die Zahl 25. d) die Zahl 100.

**52** Schreibe jeweils alle Teiler der Zahl auf. (Sieh dir dazu auch Aufgabe **60** an.)

a) 325: ______________________________

b) 444: ______________________________

c) 1 050: ______________________________

______________________________

______________________________

______________________________

**53** Trage eine Ziffer anstelle des Platzhalters ein, so dass eine wahre Aussage entsteht. Finde immer 2 Lösungen.

a) 45■7 ist durch 3 teilbar.

b) 234■ ist durch 5 teilbar.

c) 5■4■ ist durch 6 teilbar.

## Potenzen

Ein Produkt aus lauter gleichen Faktoren schreibt man kurz als Potenz:

$a \cdot a \cdot a \cdot a \cdot a \cdot a \cdot a = a^7$

**Exponent** (Hochzahl)

**Basis** (Grundzahl)

sprich: „a hoch 7"

**Achtung:**
$\mathbf{a^0 = 1}$
$\mathbf{a^1 = a}$

**54** Schreibe in Faktoren gegliedert und als Potenzen. Berechne den Wert der Potenz: $3 \cdot 3 \cdot 3 \cdot 3 \cdot 3 = \mathbf{3^5}$ (sprich: „3 hoch 5") = **243**

a) $4 \cdot 4 \cdot 4 \cdot 4 \cdot 4 =$ ________ = ________

b) $3 \cdot 3 \cdot 3 \cdot 3 \cdot 3 \cdot 3 \cdot 3 =$ ________ = ________

c) $125 \cdot 16 =$ **5 ·** ______________________________ = ________ = ________

d) $32 \cdot 81 =$ ______________________________ = ________ = ________

**55** Um seinen Herrscher fröhlich zu stimmen, erfand der weise Sissa ibn Dahir das Schachspiel. Der König war ihm sehr dankbar dafür und gewährte ihm einen Wunsch. Sissa wünschte sich Reiskörner: auf das erste Feld eines Schachbretts wollte er ein Korn, auf das zweite Feld das Doppelte, also zwei Körner, auf das dritte wiederum die doppelte Menge, also vier Körner und so weiter.

a) Wie viele Reiskörner befinden sich auf dem 5. Feld?

b) Insgesamt müsste Sissa 18 446 744 073 709 551 615 Reiskörner erhalten. Wie viele Jahre würde es ungefähr dauern diese Menge zu bekommen, wenn pro Jahr auf der ganzen Welt ca. 15 Billiarden Reiskörner geerntet werden?

Tipp: Runde die Gesamtzahl der Reiskörner auf Trillionen und streiche vor der Division bei Dividend und Divisor gleich viele Nullen weg.

**56** Tim hat Lea mal wieder geärgert und Teile ihrer Hausaufgaben einfach wegradiert. Kannst du die Lücken füllen?

| | | |
|---|---|---|
| $2^{\ } = 256$ | $\ ^{27} = 1$ | $\ ^{4} = 81$ |
| $17^{\ } = 1$ | $5^{3} = \ $ | $7^{\ } = 343$ |

**57** Das menschliche Darmbakterium Escherichia coli hat unter Idealbedingungen eine Generationszeit von etwa 30 Minuten, das bedeutet, innerhalb von 30 Minuten verdoppelt sich die Anzahl der Bakterien.

Ist zu Beginn 1 Bakterium vorhanden, dann sind es 30 min später schon zwei. Nach weiteren 30 min, also insgesamt nach 1 Stunde, sind es vier Bakterien. Nach 1 h 30 min sind es bereits 8 Bakterien ...

a) Berechne, wie viele Bakterien nach vier Stunden im Darm vorhanden sind, wenn zu Beginn sechs Bakterien nachgewiesen wurden.

b) Wie viele Bakterien haben sich zu Beginn im Darm befunden, wenn nach fünf Stunden 10 240 vorgefunden werden?

# Zahlenmengen

Zahlen mit gemeinsamen Eigenschaften werden oft zu **Zahlenmengen** mit gleichen Eigenschaften zusammengefasst:

Das Potenzieren von Zahlen mit dem Exponenten 2 nennt man **Quadrieren**, die entstandenen Zahlen heißen **Quadratzahlen**.

$1^2 = 1$, $2^2 = 4$, $3^2 = 9$, ...

**Quadratzahlen**: 1; 4; 9; 16; 25; 36; 49; ...

Vielfache einer Zahl

**Vielfache** der Zahl 2: V(2) = {2; 4; 6; 8; 10; 12; ...}

Teiler einer Zahl

**Teiler** von 12: T(12) = {1; 2; 3; 4; 6; 12}

Beachte: Ist eine Zahl b ein Vielfaches einer Zahl a, so ist die Zahl a auch ein Teiler der Zahl b.

**9** —ist Teiler von→ **45**

**9** ←ist Vielfaches von— **45**

**58** Schreibe alle Quadratzahlen bis 400 auf deinen Block.

**59** Gib die folgenden Vielfachen an:

a) V(6) = ____________________

b) V(7) = ____________________

**60** Gib die folgenden Teiler an:

Tipp: Überlege dir die Teiler einer Zahl immer von klein nach groß. Eine Tabelle hilft dir.

| **24** | | |
|---|---|---|
| **1** | · | **24** |
| **2** | · | **12** |
| **3** | · | **8** |
| **4** | · | **6** |

**T (24) = {1; 2; 3; 4; 6; 8; 12; 24}**

a) T (36) = ____________________

b) T (50) = ____________________

c) T (100) = ____________________

**61** Zeichne verschiedene Rechtecke, die alle 36 Kästchen enthalten. Schreibe anschließend auf, wie viele Kästchen lang jeweils die Seiten der Rechtecke sind.

▸ Welche Zahlenmenge bekommst du?

Eine **Primzahl** ist eine Zahl, deren Teilermenge genau 2 Elemente enthält; also nur durch 1 und sich selbst teilbar ist.

Primzahlen: 2; 3; 5; 7; 11; 13; 17; 19; ...

**Achtung**: 1 ist keine Primzahl, da ihre Teilermenge nur 1 Element enthält.

**62** Finde alle Primzahlen bis 100 und färbe sie rot.

Verwende dazu das **Sieb des Eratosthenes**:

Streiche erst alle Vielfachen von 2 **außer der 2** (also alle geraden Zahlen) in der Tabelle, dann alle Vielfachen von 3 **außer der 3**, dann alle Vielfachen von 5 **außer der 5** (also alle Zahlen, die auf 5 oder 0 enden), usw.

| | | | | | | | | | |
|---|---|---|---|---|---|---|---|---|---|
| | 2 | 3 | ~~4~~ | 5 | ~~6~~ | 7 | ~~8~~ | 9 | 10 |
| 11 | 12 | 13 | 14 | 15 | 16 | 17 | 18 | 19 | 20 |
| 21 | 22 | 23 | 24 | 25 | 26 | 27 | 28 | 29 | 30 |
| 31 | 32 | 33 | 34 | 35 | 36 | 37 | 38 | 39 | 40 |
| 41 | 42 | 43 | 44 | 45 | 46 | 47 | 48 | 49 | 50 |
| 51 | 52 | 53 | 54 | 55 | 56 | 57 | 58 | 59 | 60 |
| 61 | 62 | 63 | 64 | 65 | 66 | 67 | 68 | 69 | 70 |
| 71 | 72 | 73 | 74 | 75 | 76 | 77 | 78 | 79 | 80 |
| 81 | 82 | 83 | 84 | 85 | 86 | 87 | 88 | 89 | 90 |
| 91 | 92 | 93 | 94 | 95 | 96 | 97 | 98 | 99 | 100 |

**Eratosthenes**

griechischer Mathematiker,

276 – 194 v. Chr

Jede natürliche Zahl lässt sich schreiben als ein Produkt aus **Primzahlen**. Das Aufteilen einer Zahl in seine einzelnen **Primfaktoren** nennt man **Primfaktorzerlegung**.

$45 = 5 \cdot 9 = 5 \cdot 3 \cdot 3 = 5 \cdot 3^2$

**63** a) Zerlege die folgenden Zahlen in ihre Primfaktoren.
Beachte: Als Ergebnis sollen am Ende als Faktoren **nur Primzahlen** stehen. Rechenbäume helfen dir.

148 = **2 · 2 ·** ____ = **2² ·** ____

**2** · 74

**2** · ____

36 = ____________ = ____________

____ · ____

____ · ____

____ · ____

200 = ____________ = ____________

____ · ____

____ · ____

____ · ____

____ · ____

195 = ____________

____ · ____

____ · ____

b) Jetzt wird es schwieriger: Zeichne selbst Rechenbäume auf den Block.
Denke an die **Teilbarkeitsregeln** und an das **Sieb des Eratosthenes**.
So findest du leicht die Primfaktoren.

726 = ______________________________

______________________________

4 158 = ______________________________

______________________________

# Verbinden der Grundrechenarten – Terme

Vorfahrtsregeln bei der Berechnung von Termen:
„Die **Klammer** ist als erstes dran,
doch schau was die **Potenz** so kann;
der **Punkt** hat Vorrang vor dem **Strich**,
vergesse diese Regel nicht."

$\mathbf{(5 - 2)}^3 + 2 \cdot 6 = \mathbf{3^3} + 2 \cdot 6 = 27 + \mathbf{2 \cdot 6} = \mathbf{27 + 12} = 39$

**64** Berechne die Terme schrittweise in einer **durchlaufenden** Rechnung. Beachte dabei die Vorfahrtsregeln.

a) $72 : 4 + 4 \cdot 3 + (92 - 2 \cdot 6^2) =$

_____ + _____ $+ (92 - 2 \cdot 6^2) =$ _____ $+ (92 - 2 \cdot$ _____ $) =$

_____ $+ (92 -$ _____ $) =$ _____ + _____ = _____

b) $(54 + 51) \cdot (6\,841 - 5\,841) =$

____________________

____________________

c) $[7\,550 - (12 + 3)^2 \cdot 4] : 2 =$

____________________

____________________

____________________

____________________

Platz für deine Nebenrechnungen:

**65** Wie verändert sich der Wert des Terms $(4 + 3) \cdot (68 - 58)$, wenn man ...

a) jede Zahl verdoppelt?

b) jede Zahl um 3 verkleinert?

Begründe deine Antwort jeweils ohne Berechnung des Terms.

**66** Fülle die Tabelle fertig aus:

| | Strichrechnung | | Punktrechnung | |
|---|---|---|---|---|
| Rechenart | Addition | | | |
| Term | a + b | a – b | a · b | a : b |
| Termname | | Differenz | | Quotient |
| a | 1. Summand | | | |
| b | | | 2. Faktor | |

**67** Stelle den zugehörigen Term auf. Du sollst ihn **nicht** berechnen.

a) Multipliziere die Differenz aus 121 und der Summe aus 8 und 38 mit der Zahl 11.

b) Dividiere die Summe aus 68 und 52 durch das Produkt aus 3 und der Differenz aus 158 und 157.

c) Subtrahiere den Quotienten aus 74 und der Summe aus 24 und 13 von dem Produkt aus 5 und der Differenz aus 41 und 28.

**68** Löse das Zahlengitter: Setze die Zahlen passend ein. Wichtig: Pro Kästchen darfst du nur eine Ziffer schreiben.

a) Das Produkt aus 6 und 401.

b) Der Quotient aus 10 200 und 3.

c) Die Differenz aus 2 000 und 595.

d) Die Summe aus 4 222 und 4 222.

e) Das Produkt aus 50 und 20.

f) Die Summe aus 2 102 und 3 503.

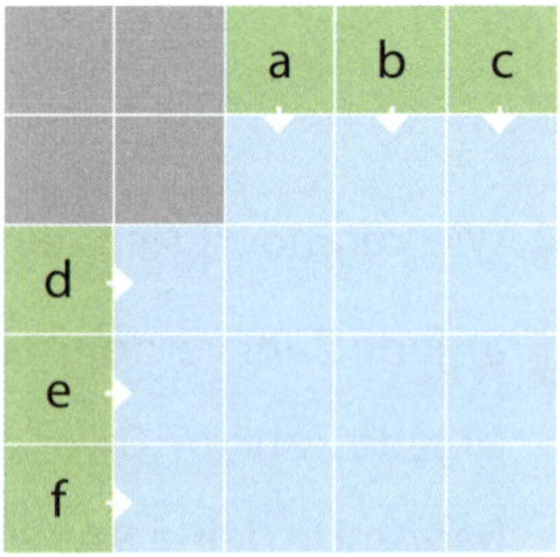

**Gliederung des Terms**:
Bei einem Term gibt die zuletzt durchgeführte Rechenart die Art des Terms an.

| | Der Term in Worten: |
|---|---|
| (153 + 234) · (123 – 67)<br>Summe Differenz | **Multipliziere** die **Summe** aus 153 und 234 mit der **Differenz** aus 123 und 67. |
| **Produkt** | Der Term ist ein **Produkt**. |

**69** Gliedere die Terme, bestimme die Art des Gesamtterms und schreibe ihn in Worten. Den Term musst du nicht berechnen. Sieh dir dazu Aufgabe **35** an.

a) (5 482 : 2) · (365 + 842)

________ ________

________________

________________ den ________________ aus 5 482 und 2 mit der ________________ aus 365 und 842.

Der Term ist ________________.

b) [1 452 – (548 + 345)] : 4

________

________________

________________

________________ die ________________ aus 1 452 und der ________________ aus 548 und 345 durch 4.

Der Term ist ________________.

c) 123 · (328 – 264) + 1 887

________

________________

________________

________________________________

________________________________

________________________________

Der Term ist ________________.

**70** Welche Zahl ☐ ist jeweils gesucht? Schreibe durchlaufende Rechnungen.

a) Subtrahiert man von der Zahl die Summe aus 14 und 3 und verdreifacht diese Differenz, so erhält man den Quotienten aus 27 und 3.

[☐ − (____ + ____)] · 3 = ____ : ____

b) Durch welche Zahl muss man das Produkt aus 85 und 26 dividieren, um die Summe aus der Differenz aus 152 und 3 und dem Quotienten aus 216 und 3 zu erhalten?

(____ · ____) : ☐ = (____ − ____) + ____ : ____

Platz für deine Nebenrechnungen:

Für die Verbindung der vier Grundrechenarten gibt es ein weiteres Rechengesetz, das **Distributivgesetz (DG):**

Für alle natürlichen Zahlen a,b,c gilt:

$(a + b) \cdot c = a \cdot c + b \cdot c$

$(a - b) \cdot c = a \cdot c - b \cdot c$

$(a + b) : c = a : c + b : c$

$(a - b) : c = a : c - b : c$

$(a + b) \cdot c \xrightarrow{\text{ausmultiplizieren}} a \cdot c + b \cdot c$

$(a + b) \cdot c \xleftarrow[\text{ausklammern}]{} a \cdot c + b \cdot c$

$27 \cdot 13 = (20 + 7) \cdot 13 = 20 \cdot 13 + 7 \cdot 13 = 260 + 91 = 351$

$99 \cdot 14 = (100 - 1) \cdot 14 = 100 \cdot 14 - 1 \cdot 14 = 1\,400 - 14 = 1\,386$

**71** Berechne mit Hilfe des Distributivgesetzes.

a) $294 \cdot 7 = (300 - 6) \cdot 7 =$ ____________________

b) $396 : 3 = (360 + 36) : 3 =$ ____________________

c) $594 : 6 = (600 - 6) : 6 =$ ____________________

**72** Wende das Distributivgesetz an, indem du einen passenden Faktor ausklammerst.

$4 \cdot 19 + 4 \cdot 6 = \mathbf{4 \cdot (19 + 6) = 4 \cdot 25 = 100}$

a) $17 \cdot 8 + 8 \cdot 83 =$ ____________________

b) $18 \cdot 7 + 11 \cdot 7 + 1 \cdot 7 =$ ____________________

c) $633 : 7 - 73 : 7 =$ ____________________

**73** Subtrahiert man eine beliebig ausgedachte natürliche Zahl von ihrem Hundertfachen und dividiert das Ergebnis durch die gedachte Zahl, so erhält man immer dasselbe Ergebnis.

a) Denke dir zwei verschiedene Zahlen aus, berechne das Ergebnis und prüfe somit die obige Aussage.

b) Begründe allgemein, dass das Ergebnis unabhängig von der gedachten Zahl ist.

# Baumdiagramm und Zählprinzip

Hat man die Möglichkeit, mehrere Gegenstände auszuwählen und miteinander zu kombinieren, so lässt sich dies gut in einem **Baumdiagramm** darstellen.

Lea hat für den heutigen Tag mehrere Outfits zur Verfügung: Sie kann zwischen einer blauen und einer grünen Hose sowie zwischen T-Shirts in den Farben rosa, lila und orange wählen. Wie viele verschiedene Kombinationen aus Hose und T-Shirt kann Lea zusammenstellen?

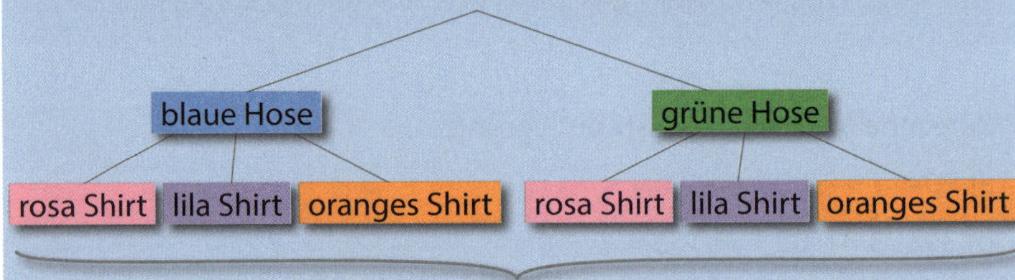


$2 \cdot 3$ Möglichkeiten = 6 Möglichkeiten

Die Gesamtzahl der Kombinationen kannst du berechnen, indem du die Anzahl der Möglichkeiten in jeder Stufe multiplizierst.
Dieses „Abzählen“ nennt man auch **Zählprinzip**.

**74** In Leas Lieblingsrestaurant gibt es heute ein Sonderangebot:

a) Wie viele verschiedene Menüzusammenstellungen gibt es? Löse mit Baumdiagramm und Rechnung.

b) Wie viele unterschiedliche Zusammenstellungen gibt es, wenn Lea zusätzlich zwischen zwei Getränken wählen kann? Löse ohne neuen Baum. Begründe deine Antwort.

Bei manchen Kombinationen schränkt die Wahl einer Möglichkeit die weitere Auswahlmöglichkeit in der nächsten Stufe des Baumdiagramms ein. Dies muss im Diagramm und beim Abzählen berücksichtigt werden.

**75** **L**ea und **T**im haben ihren Freund **B**en zu Besuch. Im Garten wollen sich die drei Kinder auf eine Bank setzen. Auf wie viele verschiedene Möglichkeiten können sie sich nebeneinander setzen?

▶ Fülle das Baumdiagramm aus und zähle anschließend die Möglichkeiten ab.

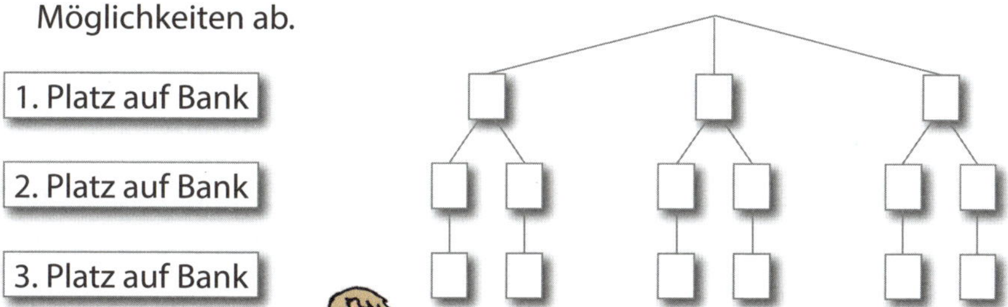

**76** **M**ia besucht **L**ea, **T**im und **B**en, die immer noch auf der Gartenbank sitzen.

a) Wie viele Möglichkeiten haben die vier Kinder nebeneinander zu sitzen? Löse mit einem Baumdiagramm und einer Rechnung.

b) Wie viele Möglichkeiten sind es, wenn Mia am Rand sitzen will?

c) Wie viele Möglichkeiten sind es, wenn Lea nicht am Rand sitzen möchte?

d) Wie viele Möglichkeiten sind es, wenn Lea und Tim unbedingt nebeneinander sitzen wollen?

**77** Tim ist heute Morgen spät dran. In der Eile greift er ohne Hinzusehen in die Sockenschublade und nimmt nacheinander zwei Socken heraus. In der Schublade befinden sich 2 Paar grüne, 2 Paar blaue und 1 Paar schwarze Socken und eine einzelne gelbe Socke. Die Socken liegen einzeln in der Schublade.
Beachte folgendes Beispiel: blau 1 + grün 1 **und** grün 1 + blau 1 sind **zwei Kombinationen**.

a) Wie viele Kombinationen kann Tim ziehen, wenn man annimmt, dass alle Socken unterscheidbar sind?

Tipp: Überlege dir, wie viele Möglichkeiten es für die erste und dann für die zweite Socke gibt.

b) Wie viele verschiedene Farbkombinationen sind möglich, wenn gleichfarbige Socken nicht unterschieden werden können?

c) Bei wie vielen Fällen sind die zwei Socken gleichfarbig, wenn die gleichfarbigen Socken **1.** unterscheidbar **oder 2.** nicht unterscheidbar sind.

**78** Tim und Lea sind zu Besuch bei ihrer kleinen Cousine Emma. Mit Emma bauen sie aus Bauklötzchen einen Turm.

▸ Wie viele verschiedene Türme können die beiden bauen, wenn sie zwei gelbe und drei rote Steine finden, die sich außer in der Farbe nicht unterscheiden. Alle Steine werden für einen Turm übereinander gesetzt. (Löse mit einem Baumdiagramm.)

**79** In der Schule von Lea und Tim findet heute ein Sportfest statt. Tim tritt mit fünf anderen Jungen im 100 m Lauf an.

a) Wie viele Möglichkeiten gibt es für die Verteilung der ersten drei Plätze? (Wir nehmen dabei an, dass alle gleich stark sind.)

b) Wie viele Möglichkeiten gibt es für die Verteilung der ersten drei Plätze, wenn Tim unter den ersten drei Plätzen ist?

**80** Tim hat ein Glücksspiel entworfen. Aus zwei Säckchen wird je eine Kugel mit einer Zahl darauf gezogen. Die Kugel aus **Säckchen 1** ist dabei die **Zehner-** und die aus **Säckchen 2** die **Einerstelle**. Gewonnen hat man, wenn die so gezogene Zahl durch 3 teilbar ist.

▸ Wie viele Gewinnkombinationen gibt es?

**81** Bei Tim und Lea gibt es Buchstabensuppe. Mit den Nudeln in Buchstabenform legen sie die folgenden Wörter:

LEA TEE KETTE

Wie viele **verschiedene** Buchstabenkombinationen können sie jeweils aus den Buchstaben dieser Wörter legen? Die Kombinationen müssen **keine Wörter** ergeben. Trage alle Lösungen in die Tabelle ein.

| LEA |
|---|
| |
| |
| |
| |
| |
| |
| |
| |
| |

| TEE |
|---|
| |
| |
| |
| |
| |
| |
| |
| |
| |

| KETTE | | |
|---|---|---|
| | | |
| | | |
| | | |
| | | |
| | | |
| | | |
| | | |
| | | |
| | | |

**82** Lea wirft eine Münze dreimal. Diese kann Kopf (K) oder Zahl (Z) zeigen. Das Ergebnis eines dreimaligen Münzwurfes notiert sie in einer Kurzschreibweise wie z. B. KZK für 1. Wurf Kopf, 2. Wurf Zahl, 3. Wurf Kopf.

a) Wie viele verschiedene Kombinationen gibt es?

b) Wie viele Ergebnisse gibt es mit zweimal Zahl?

**83** Tim und Lea feiern eine Gartenparty.

a) Zur Dekoration befestigen die beiden bunte Luftballons an einer Schnur quer über den Garten. Sie haben drei blaue, vier gelbe und zwei grüne Ballons. Wie viele verschiedene Farbkombinationen gibt es, die Ballons nebeneinander zu befestigen?

b) Eingeladen sind 8 Personen. Zur Begrüßung erhält jeder – auch Lea und Tim – ein Glas Fruchtbowle. Jeder stößt nun mit jedem anderen genau einmal an. Wie oft erklingen die Gläser?

c) Nach der Begrüßung legt Lea Tanzmusik auf. Wie viele verschiedene Tanzpaare (Mädchen mit Junge) sind möglich, wenn unter den 8 Gästen 4 Jungen und 4 Mädchen sind und auch Lea und Tim mittanzen?

155

# Rechnen und Textaufgaben

Gymnasium 5. Klasse

Lösungen

Dieser Lösungsteil ist herausnehmbar!
Klammern in der Mitte des Heftes öffnen!

**Zwischenergebnisse** sind **grün**, **Endergebnisse** sind **rot** gedruckt.

**1** Die Zahl 9 999 999 999 ist nicht die größte natürliche Zahl, denn z. B. die **Zahl 10 000 000 000 ist größer**. Die Menge der natürlichen Zahlen **hört nie auf**, es gibt immer eine noch größere Zahl.

**Jede natürliche Zahl** besitzt einen **Nachfolger** in den natürlichen Zahlen, aber nicht jede natürliche Zahl besitzt auch einen Vorgänger in den natürlichen Zahlen, denn der **Vorgänger der Zahl 1 wäre die Zahl 0**, die **nicht** zu den natürlichen Zahlen gehört.

**2** a) **9 999**
b) **1 111**
c)

| Vorgänger | Zahl | Nachfolger |
|---|---|---|
| **6 731** | 6 732 | **6 733** |

d) **1 357** (Achtung:
1 111 = kleinste Zahl
1 234 = kleinste Zahl mit verschiedenen Ziffern
1 357 = kleinste Zahl mit verschiedenen ungeraden Ziffern)
e) **9 998** (Bei geraden Zahlen muss **nur** die letzte Ziffer/Einer-Ziffer eine 0, 2, 4, 6 oder 8 sein: Die Ziffer 8 ist die größte der möglichen Ziffern.)

**3** dreiundachtzig Billionen neunundvierzig Milliarden vierhundert-zwanzig Millionen fünfzehntausendvierhundertneunundsechzig

vierhunderteinundsechzig Billionen neunhundertsiebenundsiebzig Milliarden vierhundertfünf Millionen zweihundertdreiundsiebzig-tausendachthundertachtundachtzig

**4**

| | Billionen | | | Milliarden | | | Millionen | | | Tausender | | | | | |
|---|---|---|---|---|---|---|---|---|---|---|---|---|---|---|---|
| | H | Z | E | H | Z | E | H | Z | E | H | Z | E | H | Z | E |
| a) | | | | | | | | | **3** | 5 | **7** | 0 | **3** | 4 | **1** |
| b) | | | | | | | | | | 9 | **1** | 9 | 9 | **9** | **0** |
| c) | | | **3** | 0 | 0 | **0** | **0** | 0 | **2** | **1** | 1 | **3** | **5** | **0** | 0 |

**5**

| Vorgänger | **Zahl** | Nachfolger |
|---|---|---|
| 567 765 56**6** | 567 765 567 | 567 765 56**8** |
| 88 888 888 88**7** | 88 888 888 888 | 88 888 888 88**9** |
| 1 234 567 9**89** | 1 234 567 990 | 1 234 567 99**1** |
| 789 789 99**8** | 789 789 999 | 789 7**90 000** |

**6** 5.147.792 < 8.463.841 < 12.482.478 <
26.347.788 < 463.152.368 < 8.963.841.698

**7** a) **8 888 888 888**
b)**10 234 567**
c) **999 999 999 998** (siehe auch Aufgabe **2** e))
d) **555 555 501 234 678**

**8** a) + b) 287 319 < 287 321 < 319 287 < 319 321 < 321 287 < 321 319
c) **321 319 287**: dreihunderteinundzwanzig Millionen
dreihundertneunzehntausendzweihundertsiebenundachtzig

**9** kleinste Zahl:

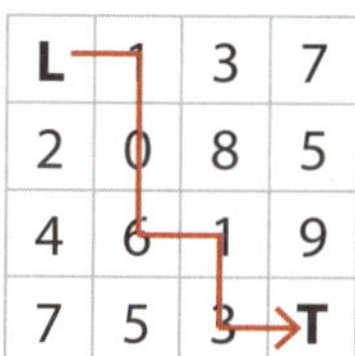


Die Zahl heißt: **10 613**.

größte Zahl:

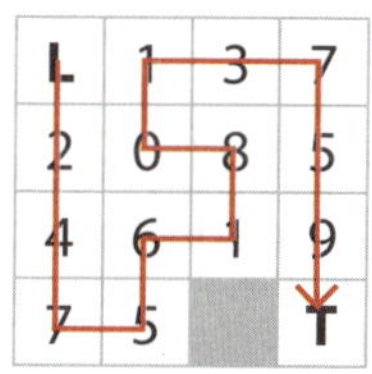


Die Zahl heißt: **2 475 618 013 759**.

kleinste Zahl:

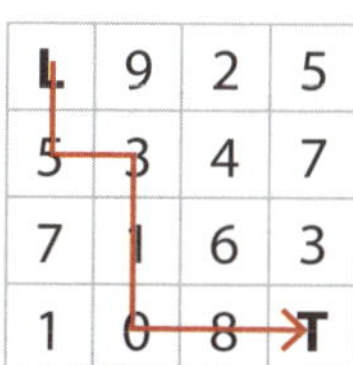


Die Zahl heißt: **53 108**.

größte Zahl:

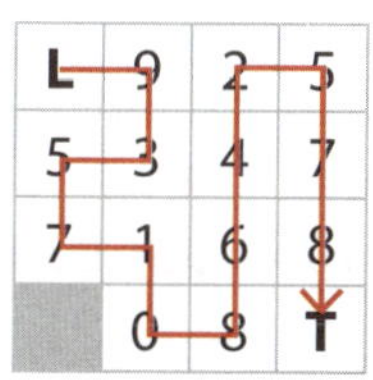


Die Zahl heißt: **9 357 108 642 578**.

**Bedenke**: Bei der **kleinsten Zahl** sollten möglichst **wenige Ziffernfelder** überschritten werden; bei der **größten** jeweils **alle**, wobei möglichst die **größeren Ziffern** einen **höheren Stellenwert** bekommen sollten.

Nimm dein Lineal und miss den Abstand zwischen den Zahlen 5 und 6. Einheit im Beispiel: **0,5** cm.

**10**

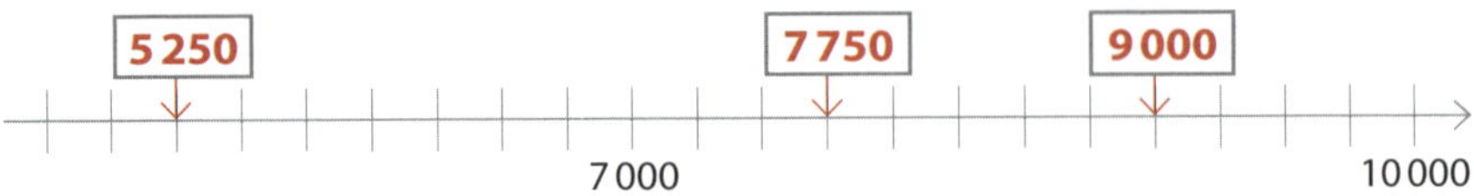


**11**

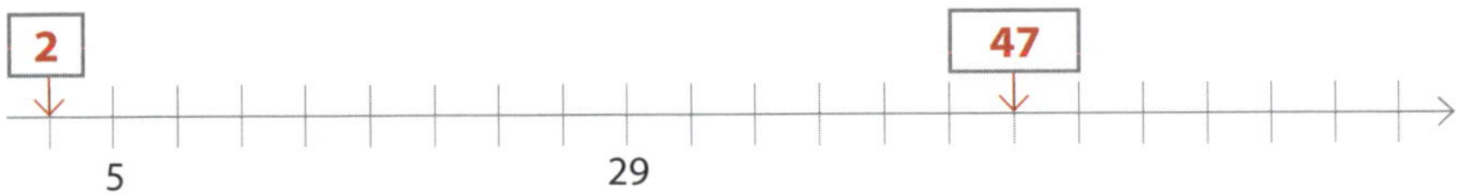


**12**

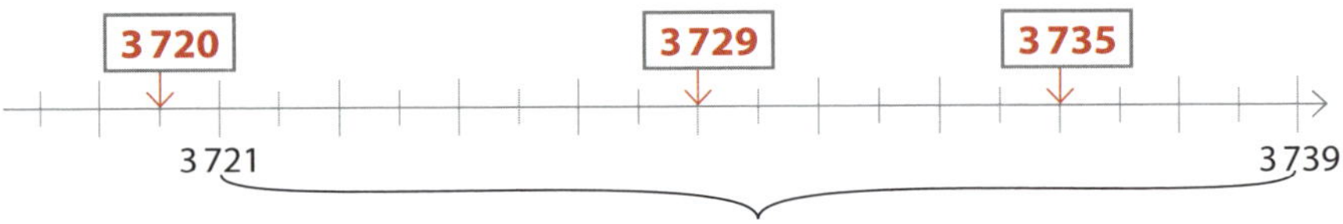


9 cm ⟶ Einheit: **0,5 cm**

**13** a)

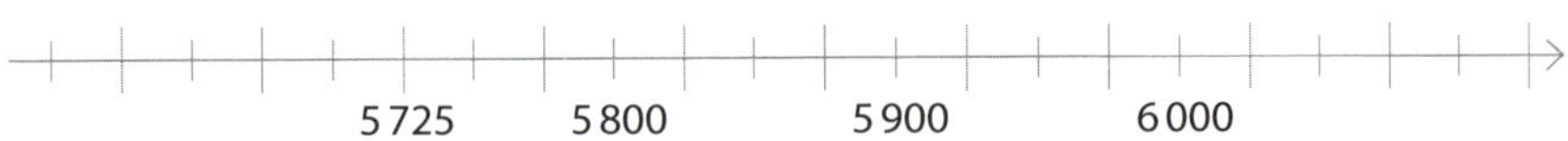


b) Eine Einheit hier ist: 0,5 cm : 25 = **0,02 cm**. 3 000 · 0,02 cm = **60 cm**.
Oder überlege so: von 0 bis 100 ist ein Abstand von 2 cm.
von 0 bis 1000 ist ein Abstand von 20 cm.
von 0 bis 3000 ist ein Abstand von **60 cm**.
Die Zahl 3 000 ist somit bei dieser Einheit **60 cm von der Null** entfernt.
(Du kannst aber auch eine andere Einheit gewählt haben!)

**14** a) $13 \cdot 10^5$ = **1 300 000** **eine Million dreihunderttausend**
b) $4 \cdot 10^0$ = **4** **vier**
c) $93 \cdot 10^7$ = **930 000 000** **neunhundertdreißig Millionen**

**15** a) drei Billionen = **3 000 000 000 000** = **$3 \cdot 10^{12}$**
b) achtzehn Milliarden = **18 000 000 000** = **$18 \cdot 10^9$**
c) fünfunddreißigtausend = **35 000** = **$35 \cdot 10^3$**

**16** 85 697 241 632 [<] neun Billionen $10^9$ [>] 999 999 999
$10^7$ [>] 1 200 000 $3 \cdot 10^6$ [=] drei Millionen

**17**

| | Name des Planeten | Durchmesser in Meter |
|---|---|---|
| 1 | Merkur | $484 \cdot 10^4 =$ **4 840 000** |
| 3 | Venus | $124 \cdot 10^5 =$ **12 400 000** |
| 4 | Erde | $1\,2742 \cdot 10^3 =$ **12 742 000** |
| 2 | Mars | $68 \cdot 10^5 =$ **6 800 000** |
| 8 | Jupiter | $1\,428 \cdot 10^5 =$ **142 800 000** |
| 7 | Saturn | $1\,208 \cdot 10^5 =$ **120 800 000** |
| 6 | Uranus | $476 \cdot 10^5 =$ **47 600 000** |
| 5 | Neptun | $446 \cdot 10^5 =$ **44 600 000** |

**18** a) 584 698 (H) ≈ **584 700**

b) 978 563 845 (ZT) ≈ **978 560 000**

c) 8 541 698 254 210 (Mrd) ≈ **8 542 000 000 000**

d) 36 955 222 (**HT**) ≈ **37 000 000**

e) **799** 797 797 (**M**) ≈ **800 000 000**

**Achtung**: Wenn die **Stelle**, auf die **auf**gerundet werden soll, eine **9** ist, musst du auf die **nächsthöhere Stelle** runden.

**19** a) Mont Blanc ≈ **4 800 m**
Matterhorn ≈ **4 500 m**
Eiger ≈ **4 000 m**
Piz Palü ≈ **3 900 m**
Großglockner ≈ **3 800 m**
Ätna ≈ **3 300 m**

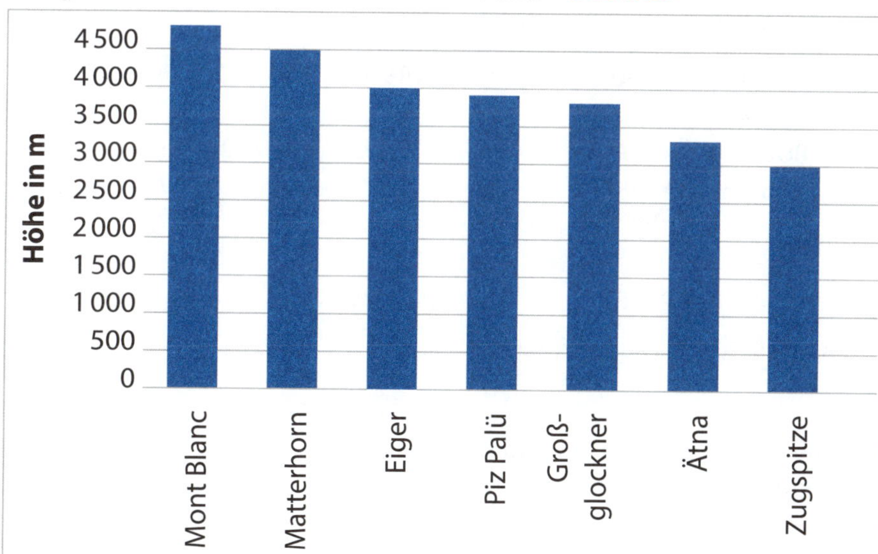


b) (x) 2 964 m Nur diese Angabe wird auf H gerundet zu 3 000 m.

**20** a)

| | Stadt | Einwohnerzahl |
|---|---|---|
| **1** | Berlin | 3 421 829 ≈ **3 422 000** |
| **5** | Frankfurt a. Main | 701 350 ≈ **701 000** |
| **2** | Hamburg | 1 746 342 ≈ **1 746 000** |
| **4** | Köln | 1 034 175 ≈ **1 034 000** |
| **3** | München | 1 407 836 ≈ **1 408 000** |
| **6** | Stuttgart | 604 297 ≈ **604 000** |

b) Addiere die gerundeten Einwohnerzahlen:
3 422 000 + 701 000 + 1 746 000 + 1 034 000 + 1 408 000 + 604 000
= **8 915 000**
Ungefähr sind das **8 915 000 Einwohner**.

**21** a) größte Zahl: **597 584** kleinste Zahl: **597 575**
**Erklärung**: Auf Zehner gerundet soll das Ergebnis 597 580 ergeben. Man muss sich somit die **Einerstelle** anschauen:
Will man die **größte Zahl** haben, muss man **abrunden**, die Zahl muss größer sein als 597 580. Die größtmögliche ist dabei 597 58**4**, da bis zu einer **4 abgerundet** wird.
Will man die **kleinste** Zahl haben, muss man also **aufrunden**, die Zahl muss kleiner sein als 597 580. Die kleinstmögliche ist dabei 597 57**5**, da ab einer **5 aufgerundet** wird.

b) **814 999**/**805 000** c) **1 049 999**/**950 000**

**22** a) 1 862 + 981 = **2 843**
1 862 + 981: Summe; 2 843: **Wert der Summe**

b) 833 – 752 = **81**
833 – 752: Differenz; 81: **Wert der Differenz**

**23** □ – 92 = 85 ⟶ □ = 92 + 85 ⟶ □ = **177**
□: **Minuend**; 92: Subtrahend; 85: Wert der Differenz

**24** a) **Richtig**: z. B. 3 + 5 = **8** und 5 + 3 = **8**
b) **Falsch**: z. B. 5 – 3 = **2** und 10 – 6 = **4**
c) **Richtig**: z. B. 3 + 3 = **6** (ungerade + ungerade = **gerade**)
oder: 4 + 4 = **8** (gerade + gerade = **gerade**)

**25** a) Der Wert der Summe wird ebenfalls **um 6 kleiner.** z. B. 1 + 7 = 8 ⟶ 1 + 1 = 2 (− 6; **− 6**)

b) Der Wert der Summe wird **um 8 größer.** z. B. 1 + 1 = 2 ⟶ 5 + 5 = 10 (+ 4, + 4; **+ 8**)

**26** a) Der Wert der Differenz wird **um 5 größer.** z. B. 2 − 1 = 1 ⟶ 7 − 1 = 6 (+ 5; **+ 5**)

b) Der Wert der Differenz wird **um 4 kleiner.** z. B. 10 − 1 = 9 ⟶ 10 − 5 = 5 (+ 4; **− 4**)

c) Der Wert der Differenz **bleibt gleich.** z. B. 8 − 4 = 4 ⟶ 6 − 2 = 4 (− 2, − 2; **bleibt gleich**)

**27**

| | | |
|---|---|---|
| ● | = **10** | ● 10 + ■ 8 + ♥ 3 + ★ 5 = 26 |
| ■ | = **8** | ■ 8 + ■ 8 + ■ 8 = 24 |
| ♥ | = **3** | ♥ 3 + ♥ 3 + ■ 8 = 14 |
| ★ | = **5** | ★ 5 + ★ 5 + ★ 5 = 5 · ♥ 3 |

**28** a) 15 000 + 10 000 < 30 000

oder:

18 000 + 10 000 < 30 000

(Die Summanden können auch jeweils vertauscht werden.)

b) 30 000 – 25 000 = 5 000

oder:

15 000 – 10 000 = 5 000

c) 18 000 – 15 000 = 3 000 (≙ der Null am nächsten)

**29**

|   | 9 | 7 | 5 | 3 | 1 |
|---|---|---|---|---|---|
| + | 9 | 7 | 5 | 1 | 3 |
| **1** | **9** | **5** | **0** | **4** | **4** |

|   | 9 | 7 | 5 | 3 | 1 |
|---|---|---|---|---|---|
| – | 9 | 7 | 5 | 1 | 3 |
|   |   |   |   | **1** | **8** |

**Erklärung**: Da die Summe möglichst groß sein soll, müssen die größten Ziffern für die größten Stellen gewählt werden. Dies ergibt die Zahl **97 531**. Da die zweite Zahl eine andere sein muss, vertauscht man nun nur die Einer- und Zehnerziffer, da dies die Größe der Zahl am wenigsten beeinflusst.

Für die Differenz sucht man zwei Zahlen, die möglichst nahe beieinander liegen, deren Unterschied also nur in der Einer- und Zehnerstelle liegt. Hier gibt es mehrere Möglichkeiten. Die **kleinste Differenz** ist immer **18**.

**30** a) 48 747 + 67 037 + 46 000 = **161 784**

Insgesamt konnten **161 784 Zuschauer** diese Spiele live sehen.

b) 67 037 + 67 037 + 67 037 = **201 111** ⟶ 201 111 – 161 784 = **39 327**

Es hätten **39 327 Zuschauer mehr** die Spiele live sehen können.

**31** a)

| Regierungsbezirk | Schülerzahl |
|---|---|
| Oberbayern | **135 774** |
| Niederbayern | 29 382 |
| Oberfranken | **30 214** |
| Mittelfranken | 50 826 |
| Unterfranken | **35 954** |
| Oberpfalz | **27 221** |
| Schwaben | **45 258** |

**Schwaben:**

50 826 (Mittelfranken)
– 5 568
**45 258**

**Oberbayern:**

45 258 (Schwaben)
45 258 (Schwaben)
+ 45 258 (Schwaben)
**135 774**

**Oberpfalz:**

29 382 (Niederbayern)
− 2 161
**27 221**

**Unterfranken:**

27 221 (Oberpfalz)
+ 8 733
**35 954**

**Oberfranken:**

135 774
29 382
50 826
35 954
27 221
+ 45 258
**324 415**

354 629
− 324 415
**30 214**

b) 400 000 − 354 629 = **45 371**
**45 371 Schülerinnen und Schüler** fehlen noch.

**32**

voll

in den roten Eimer umschütten, bis er voll ist

nur noch 2 l

2 l aus blauem Eimer in roten Eimer umfüllen

blauen Eimer voll füllen

in den roten Eimer schütten, bis dieser wieder voll ist (1 l ist noch frei)

**Im blauen Eimer sind 4 l.**

**33** a) 21 + 13 – 24 – 11 + 48 – 5 + 16 + 2
= (21 + 13 + 48 + 2 + 16) – (24 + 11 + 5) = 100 – 40 = **60**

b) (77 + 33 + 64) + (23 + 6 + 97) = (77 + 23) + (64 + 6) + (33 + 97)
= 100 + 70 + 130 = 100 + 200 = **300**

c) 5 200 + 2 200 – 3 600 + 350 – 2 800 – 2 200 + 2 650 – 1 600
= (5 200 + 350 + 2 650) – (3 600 + 2 800 + 1 600) + (2 200 – 2 200)
= 8 200 – 8 000 = **200**

**34** 20 € + 2 € – 3 € – 4 € + 18 € – 5 € – 5 €
= (20 € + 2 € + 18 €) – (3 € + 4 € + 5 € + 5 €) = 40 € – 17 € = **23 €**
Lea bleiben noch **23 €** übrig.

**35** a) (29 + 27) + (91 – 38) = 56 + 53 = **109**
**Addiere** zur **Summe** aus den Zahlen **29** und **27** die **Differenz** aus den Zahlen **91** und **38**.

b) [321 + (55 – 33)] – 111 = [321 + 22] – 111 = 343 – 111 = 232
**Subtrahiere** von der **Summe** aus **321** und der **Differenz** aus **55** und **33** die **Zahl 111**.

**36** a) 540 + (620 – 380) = 540 + 240 = **780**
b) (2 870 + 1 130) – (580 – 395) = 4 000 – 185 = **3 815**
c) [3 450 – (870 + 1 290)] – (1 230 – 160)
= [3 450 – 2 160] – 1 070
= 1 290 – 1 070 = **220**

**37** [1 600 – (460 + 540)] + (1 100 – 750) =
[1 600 – 1 000] + 350 = 600 + 350 = **950**

a) **Beachte**: Jetzt rechnest du nur noch von links nach rechts.
1 600 – 460 + 540 + 1 100 – 750
= 1 140 + 540 + 1 100 – 750
= 1 680 + 1 100 – 750 = 2 780 – 750 = **2 030**
2 030 – 950 = **1 080**
Der Termwert wird **um 1 080 größer**.

b) [1 600 – (460 + 540)] + (1 100 – 750) =

$\underbrace{\underbrace{\underbrace{[1\,600}_{+5} - \underbrace{(460 + 540)]}_{+10}}_{-5} + \underbrace{(1\,100 - 750)}_{+0}}_{\mathbf{-5}} =$

Der Term wird insgesamt **um 5 kleiner**.

**38**

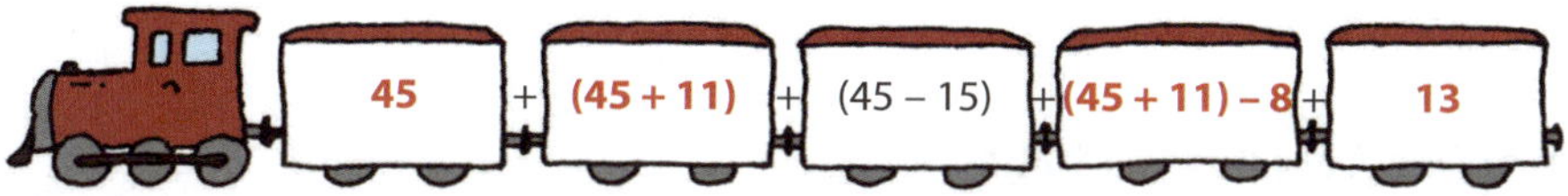


45 + (45 + 11) + (45 – 15) + [(45 + 11) – 8] + 13

= 45 + 56 + 30 + [56 – 8] +13 = 131 + 48 +13 = **192**

Im Zug befinden sich insgesamt **192 Fahrgäste**.

**39** a) (837 m – 793 m) + 126 m + 650 m

= 44 m + 126 m + 650 m = 170 m + 650 m = **820 m**

Lea und Tim sind **820 Höhenmeter** aufgestiegen.

b) 837 m + 126 m + 650 m = 963 m + 650 m = **1 613 m**

Der Schildenstein liegt **1 613 m hoch**.

**40** a) $\underbrace{142\,735\text{ km}}_{\text{Tachostand Leipzig}} - \underbrace{[144\text{ km} + (144\text{ km} - 50\text{ km}) + 150\text{ km} + 50\text{ km} + 340\text{ km}]}_{\text{gefahrene Strecke bis Leipzig}}$

= 142 735 km – [144 km + 94 km + 200 km + 340 km]

= 142 735 km – [238 km + 540 km] = 142 735 km – 778 km = **141 957 km**

Zu Beginn der Tour zeigte der Tacho **141 957 km** an.

b) $\underbrace{[144\text{ km} + (144\text{ km} - 50\text{ km}) + 150\text{ km} + 340\text{ km} + 190\text{ km}]}_{\text{Strecke Hinweg ohne Umweg}} - 320\text{ km}$

$= 918\text{ km} - 320\text{ km} = \underbrace{\mathbf{598\text{ km}}}_{\text{Strecke zurück}}$

$142\,735\text{ km} + 190\text{ km} = \underbrace{\mathbf{142\,925\text{ km}}}_{\text{Tacho in Berlin}}$

142 925 km + 598 km = **143 523 km**

Gesamtterm: 142 735 km + 190 km + [144 km + (144 km – 50 km)
+ 150 km + 340 km + 190 km] – 320 km = **143 523 km**

Der Tachostand beträgt **143 523 km**.

**41** a) $48 \cdot 11 =$ **528**
b) $182 : 14 =$ **13**
c) $202 \cdot 111 =$ **22 422**
d) $350 : 25 =$ **14**

**42** $26 \cdot \square = 286 \longrightarrow \square = 286 : 26 \longrightarrow \square =$ **11**

**43** $\square : 50 = 105 \longrightarrow \square = 105 \cdot 50 \longrightarrow \square =$ **5 250**

**44** a) Der Wert des Produkts **halbiert sich**.

z. B. $5 \cdot 10 = 50 \longrightarrow 5 \cdot 5 = 25$ (10 $:2$ → 5; 50 **:2** → 25)

b) Der Wert des Produkts **vervierfacht sich**.

z. B. $5 \cdot 4 = 20 \longrightarrow 10 \cdot 8 = 80$ (5 $\cdot 2$ → 10; 4 $\cdot 2$ → 8; 20 **·4** → 80)

**45** a) Der Wert des Quotienten **verdoppelt sich**.

z. B. $24 : 8 = 3 \longrightarrow 24 : 4 = 6$ (8 $:2$ → 4; 3 **·2** → 6)

b) Der Wert des Quotienten **bleibt gleich**.

z. B. $6 : 2 = 3 \longrightarrow 18 : 6 = 3$ (6 $\cdot 3$ → 18; 2 $\cdot 3$ → 6; 3 **bleibt gleich**)

**46** a) Überschlag: $300 \cdot 900 =$ **270 000** oder $250 \cdot 1000 =$ **250 000**
$250 \cdot 940 =$ **235 000**
Im Buch befinden sich **ungefähr 235 000 Zeichen**.

b) $235\,000 : 200 = 1\,175$ (Sie hätte 1 175 Minuten benötigt.)
1 175 min : 60 min pro h = **19 h Rest 35 min**
(Bedenke: 1 h hat 60 min!)
Sie hätte ca. 19 Stunden und 35 Minuten benötigt.

**47** a) $125 \cdot 63 \cdot 8 \overset{KG}{=} 125 \cdot 8 \cdot 63 \overset{AG}{=} (125 \cdot 8) \cdot 63 = 1\,000 \cdot 63 =$ **63 000**

b) $25 \cdot 50 \cdot 8\,642 \cdot 20 \cdot 4 \overset{KG}{=} 25 \cdot 4 \cdot 50 \cdot 20 \cdot 8\,642 \overset{AG}{=} (25 \cdot 4) \cdot (50 \cdot 20) \cdot 8\,642$
$= 100 \cdot 1000 \cdot 8\,642 = 100\,000 \cdot 8\,642 =$ **864 200 000**

**48** a) $2 \cdot 25 \cdot 37 \cdot (4 : 2)$

$= 2 \cdot 25 \cdot 37 \cdot 2 = 2 \cdot 2 \cdot 25 \cdot 37 = 4 \cdot 25 \cdot 37 = 100 \cdot 37 =$ **3 700**

b) $3 \cdot 25 \cdot 33 \cdot 4 \cdot 5 \cdot 12$

$= 25 \cdot 4 \cdot 5 \cdot 12 \cdot 3 \cdot 33 = 100 \cdot 60 \cdot 99 = 6000 \cdot 99 =$ **594 000**

**49** a) **2 · 3 · 25** **3 · 2 · 25** **25 · 2 ·3**

**2 · 25 · 3** **3 · 25 · 2** **25 · 3 · 2**

b) Beispiel für eine geschickte Lösung:

$2 \cdot 25 \cdot 3 = 50 \cdot 3 =$ **150**

Dieser Rechenweg ist einfach, denn $2 \cdot 25$ entspricht $25 + 25$, einer einfachen Addition. $50 \cdot 3$ kann leicht über die kleine Aufgabe ($5 \cdot 3$) gelöst werden. Zuletzt wird nur noch die Null ergänzt. Für dich kann aber auch ein anderer Rechenweg der einfachste sein.

**50**

| | 2 ist Teiler | 3 ist Teiler | 4 ist Teiler | 5 ist Teiler | 9 ist Teiler | 10 ist Teiler |
|---|---|---|---|---|---|---|
| 388 | x | | x | | | |
| 30 000 | x | x | x | x | | x |
| 100 008 | x | x | x | | x | |
| 1 425 | | x | | x | | |
| 151 | | | | | | |

**51** a) Eine Zahl ist **durch 6 teilbar**, wenn

1. sie gerade ist, also auf **0**, **2**, **4**, **6** oder **8 endet** **und**
2. ihre **Quersumme durch 3 teilbar** ist.

z. B. **43 020** (0 am Ende und Quersumme = 9)

b) Eine Zahl ist **durch 8 teilbar**, wenn die aus den **letzten drei Ziffern** gebildete Zahl **durch 8 teilbar** ist.

z. B. **692 104** (104 : 8 = 13)

c) Eine Zahl ist **durch 25 teilbar**, wenn die aus den **letzten 2 Ziffern** gebildete Zahl **durch 25 teilbar** ist, also die Zahl auf ...25, ...50, ...75 oder ...00 endet.

z. B. **123 450** (endet auf ...50)

d) Eine Zahl ist **durch 100 teilbar**, wenn sie auf ...00 endet.

z. B. **456 700** (endet auf ...00)

**52** a) 325: **1; 5; 13; 25; 65; 325**
b) 444: **1; 2; 3; 4; 6; 12; 37; 74; 111; 148; 222; 444**
c) 1 050: **1; 2; 3; 5; 6; 7; 10; 14; 15; 21; 25; 30; 35; 42; 50; 70; 75; 105; 150; 175; 210; 350; 525; 1 050**

**53** a) 4 5**2**7 oder 4 5**5**7 oder 4 5**8**7
b) 2 34**0** oder 2 34**5**
c) 5 **040** oder 5 **046** oder 5 **142** oder 5 **148** oder
5 **244** oder 5 **340** oder 5 **346** oder 5 **442** oder
5 **448** oder 5 **544** oder 5 **640** oder 5 **646** oder
5 **742** oder 5 **748** oder 5 **844** oder 5 **940** oder 5 **946**

**54** a) $4 \cdot 4 \cdot 4 \cdot 4 \cdot 4 = \mathbf{4^5} = \mathbf{1\,024}$
b) $3 \cdot 3 \cdot 3 \cdot 3 \cdot 3 \cdot 3 \cdot 3 = \mathbf{3^7} = \mathbf{2\,187}$
c) $125 \cdot 16 = \mathbf{5 \cdot 5 \cdot 5 \cdot 4 \cdot 4}$
$= \mathbf{5^3 \cdot 4^2}$ oder $\mathbf{5^3 \cdot 2^4} = \mathbf{2\,000}$
d) $32 \cdot 81$
$= \mathbf{2 \cdot 2 \cdot 2 \cdot 2 \cdot 2 \cdot 3 \cdot 3 \cdot 3 \cdot 3}$
$= \mathbf{2^5 \cdot 3^4}$ oder $\mathbf{2^5 \cdot 9^2} = \mathbf{2\,592}$

**55** a) $2^4 = 2 \cdot 2 \cdot 2 \cdot 2 = \mathbf{16}$ (Achtung: Auf dem ersten Feld liegt nur 1 Korn.)
Auf dem 5. Feld liegen **16 Körner**.

b) 18 446 744 073 709 551 615 : 15 000 000 000 000 000 ≈
18 000 000 000 000 000 000 : 15 000 000 000 000 000 =
18 000 : 15 = **1200**
Es würde ca. **1200 Jahre** dauern.

**56** $2^{\mathbf{8}} = 256$ $\mathbf{1}^{27} = 1$ $\mathbf{3}^4 = 81$
$17^{\mathbf{0}} = 1$ $5^3 = \mathbf{125}$ $7^{\mathbf{3}} = 343$

**57** a) Nach 30 min: $6 \cdot 2 = 12$
Nach 1 h: $6 \cdot 2 \cdot 2 = 24$ (Zu Beginn waren 6 Bakterien im Darm.)
Nach 1 h 30 min: $6 \cdot 2 \cdot 2 \cdot 2 = 48$ ...
Nach 4 h: $6 \cdot 2 \cdot 2 \cdot 2 \cdot 2 \cdot 2 \cdot 2 \cdot 2 \cdot 2 = 6 \cdot 2^8 = 6 \cdot 256 = \mathbf{1\,536}$
Nach 4 h werden ca. **1 536 Bakterien** nachgewiesen.

b) Bedenke: $\cdot\, 2^2 \triangleq$ Vermehrung pro Stunde, $\cdot\, 2^{10} \triangleq$ Vermehrung in 5 h
($2^{10} = 1\,024$) $10\,240 : 2^{10} = \mathbf{10}$
Zu Beginn waren **10 Bakterien** im Darm.

**58** $1^2 =$ **1**, $2^2 =$ **4**, $3^2 =$ **9**, $4^2 =$ **16**, $5^2 =$ **25**, $6^2 =$ **36**, $7^2 =$ **49**, $8^2 =$ **64**, $9^2 =$ **81**, $10^2 =$ **100**, $11^2 =$ **121**, $12^2 =$ **144**, $13^2 =$ **169**, $14^2 =$ **196**, $15^2 =$ **225**, $16^2 =$ **256**, $17^2 =$ **289**, $18^2 =$ **324**, $19^2 =$ **361**, $20^2 =$ **400**

**59** a) V(6) = {**6**; **12**; **18**; **24**; **30**; **36**; ...}
b) V(7) = {**7**; **14**; **21**; **28**; **35**; **42**; ...}

**60** a) T(36) = {**1**; **2**; **3**; **4**; **6**; **9**; **12**; **18**; **36**}
b) T(50) = {**1**; **2**; **5**; **10**; **25**; **50**}
c) T(100) = {**1**; **2**; **4**; **5**; **10**; **20**; **25**; **50**; **100**}

**61** $1 \cdot 36$

$2 \cdot 18$

$3 \cdot 12$

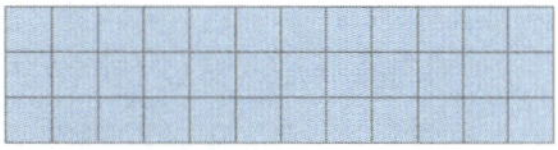

$4 \cdot 9$

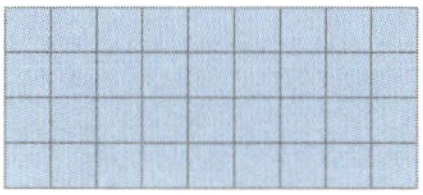

$6 \cdot 6$

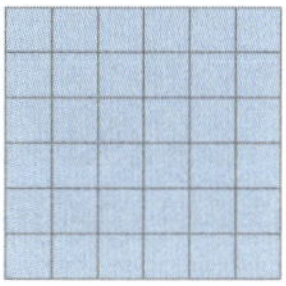

Länge und Breite sind alles Teiler von 36.
T (36) = {**1**; **2**; **3**; **4**; **6**; **9**; **12**; **18**; **36**}

**62**

| | | | | | | | | | |
|---|---|---|---|---|---|---|---|---|---|
| | **2** | **3** | 4 | **5** | 6 | **7** | 8 | 9 | 10 |
| **11** | 12 | **13** | 14 | 15 | 16 | **17** | 18 | **19** | 20 |
| 21 | 22 | **23** | 24 | 25 | 26 | 27 | 28 | **29** | 30 |
| **31** | 32 | 33 | 34 | 35 | 36 | **37** | 38 | 39 | 40 |
| **41** | 42 | **43** | 44 | 45 | 46 | **47** | 48 | 49 | 50 |
| 51 | 52 | **53** | 54 | 55 | 56 | 57 | 58 | **59** | 60 |
| **61** | 62 | 63 | 64 | 65 | 66 | **67** | 68 | 69 | 70 |
| **71** | 72 | **73** | 74 | 75 | 76 | 77 | 78 | **79** | 80 |
| 81 | 82 | **83** | 84 | 85 | 86 | 87 | 88 | **89** | 90 |
| 91 | 92 | 93 | 94 | 95 | 96 | **97** | 98 | 99 | 100 |

**63** a) $148 = \mathbf{2 \cdot 2 \cdot 37} = \mathbf{2^2 \cdot 37}$

$2 \cdot 74$

$2 \cdot 37$

$36 = \mathbf{2 \cdot 2 \cdot 3 \cdot 3} = \mathbf{2^2 \cdot 3^2}$

$2 \cdot 18$

$2 \cdot 9$

$3 \cdot 3$

$200 = \mathbf{2 \cdot 2 \cdot 2 \cdot 5 \cdot 5} = \mathbf{2^3 \cdot 5^2}$

$2 \cdot 100$

$2 \cdot 50$

$2 \cdot 25$

$5 \cdot 5$

$195 = \mathbf{3 \cdot 5 \cdot 13}$

$3 \cdot 65$

$5 \cdot 13$

b) $726 = 2 \cdot 363 = 2 \cdot 3 \cdot 121 = 2 \cdot 3 \cdot 11 \cdot 11 = \mathbf{2 \cdot 3 \cdot 11^2}$

$4\,158 = 2 \cdot 2\,079 = 2 \cdot 3 \cdot 693 = 2 \cdot 3 \cdot 3 \cdot 231 = 2 \cdot 3 \cdot 3 \cdot 3 \cdot 77$
$= 2 \cdot 3 \cdot 3 \cdot 3 \cdot 7 \cdot 11 = \mathbf{2 \cdot 3^3 \cdot 7 \cdot 11}$

**64** a) $72 : 4 + 4 \cdot 3 + (92 - 2 \cdot 6^2) = 18 + 12 + (92 - 2 \cdot 6^2)$
$= 30 + (92 - 2 \cdot 36) = 30 + (92 - 72) = 30 + 20 = \mathbf{50}$

b) $(54 + 51) \cdot (6\,841 - 5\,841) = 105 \cdot 1\,000 = \mathbf{105\,000}$

c) $[7\,550 - (12 + 3)^2 \cdot 4] : 2 = [7\,550 - (15)^2 \cdot 4] : 2 =$
$[7\,550 - 225 \cdot 4] : 2 = [7\,550 - 900] : 2 = 6\,650 : 2 = \mathbf{3\,325}$

**65** Zum Überprüfen kannst du den Term jeweils berechnen.

a) $(4 + 3) \cdot (68 - 58) = 70$

| $(4 + 3)$ | $(68 - 58)$ | | $= 70$ |
|---|---|---|---|
| Wert der Summe **verdoppelt** sich **(8 + 6)** | Wert der Differenz **verdoppelt** sich **(136 − 116)** | $\cdot 4$ | Wert des Terms **vervierfacht** sich **(280)** |

b) $(4 + 3) \cdot (68 - 58) = 70$

| $(4 + 3)$ | $(68 - 58)$ | | $= 70$ |
|---|---|---|---|
| Wert der Summe wird **um 6 kleiner** **(1 + 0)** | Wert der Differenz **bleibt gleich** **(65 − 55)** | = | Wert des Terms wird **um** $6 \cdot (68 - 58) =$ **60 kleiner** **(10)** |

**66**

| | Strichrechnung | | Punktrechnung | |
|---|---|---|---|---|
| Rechenart | Addition | **Subtraktion** | **Multiplikation** | **Division** |
| Term | a + b | a – b | a · b | a : b |
| Termname | **Summe** | Differenz | **Produkt** | Quotient |
| a | 1. Summand | **Minuend** | **1. Faktor** | **Dividend** |
| b | **2. Summand** | **Subtrahend** | 2. Faktor | **Divisor** |

**67** a) **[121 – (8 + 38)] · 11**
b) **(68 + 52) : [3 · (158 – 157)]**
c) **5 · (41 – 28) – 74 : (24 + 13)**

**68**

| | | a | b | c |
|---|---|---|---|---|
| | | **2** | **3** | **1** |
| d | **8** | **4** | **4** | **4** |
| e | **1** | **0** | **0** | **0** |
| f | **5** | **6** | **0** | **5** |

**69** a) (5 482 : 2) · (365 + 842)
**Quotient** **Summe**
**Produkt**

**Multipliziere** den **Quotienten** aus 5 482 und 2 mit der **Summe** aus 365 und 842.
Der Term ist **ein Produkt**.

b) [1 452 – (548 + 345)] : 4
**Summe**
**Differenz**
**Quotient**

**Dividiere** die **Differenz** aus 1 452 und der **Summe** aus 548 und 345 durch 4.
Der Term ist **ein Quotient**.

c) 123 · (328 – 264) + 1 887
**Differenz**
**Produkt**
**Summe**

**Addiere zum Produkt aus 123 und der Differenz aus 328 und 264 die Zahl 1 887.**
Der Term ist **eine Summe**.

**70** a) $[\square - (\mathbf{14} + \mathbf{3})] \cdot 3 = \mathbf{27} : \mathbf{3} \longrightarrow [\square - 17] \cdot 3 = 9$
Überlegung: Welche Zahl mal 3 ergibt 9? Diese Zahl muss gleich dem Wert der eckigen Klammer sein.
Also: Der Wert der eckigen Klammer muss 3 sein.
$\longrightarrow \square - 17 = 3 \longrightarrow \square = \mathbf{20}$

b) $(\mathbf{85} \cdot \mathbf{26}) : \square = (\mathbf{152} - \mathbf{3}) + \mathbf{216} : \mathbf{3}$
$2210 : \square = 149 + 72 \longrightarrow 2210 : \square = 221 \longrightarrow \square = \mathbf{10}$

**71** a) $294 \cdot 7 = (300 - 6) \cdot 7 = 300 \cdot 7 - 6 \cdot 7 = 2\,100 - 42 = \mathbf{2\,058}$
b) $396 : 3 = (360 + 36) : 3 = 360 : 3 + 36 : 3 = 120 + 12 = \mathbf{132}$
c) $594 : 6 = (600 - 6) : 6 = 600 : 6 - 6 : 6 = 100 - 1 = \mathbf{99}$

**72** a) $17 \cdot 8 + 8 \cdot 83 = 8 \cdot (17 + 83) = 8 \cdot 100 = \mathbf{800}$
b) $18 \cdot 7 + 11 \cdot 7 + 1 \cdot 7 = 7 \cdot (18 + 11 + 1) = 7 \cdot 30 = \mathbf{210}$
c) $633 : 7 - 73 : 7 = (633 - 73) : 7 = 560 : 7 = \mathbf{80}$

**73** a) **z. B. Zahl 8:** $(100 \cdot 8) - 8 = 792 \longrightarrow 792 : 8 = \mathbf{99}$
**z. B. Zahl 10:** $(100 \cdot 10) - 10 = 990 \qquad 990 : 10 = \mathbf{99}$

b) 1. Schritt: $100 \cdot \square - 1 \cdot \square \overset{\text{DG}}{=} (100 - 1) \cdot \square = 99 \cdot \square$

2. Schritt: $(99 \cdot \square) : \square \overset{\text{AG}}{=} 99 \cdot (\square : \square) = 99 \cdot 1 = \mathbf{99}$

Es ergibt sich also **immer die Zahl 99** als Ergebnis.

**74** a)V = Vorspeise, H = Hauptspeise, N = Nachspeise

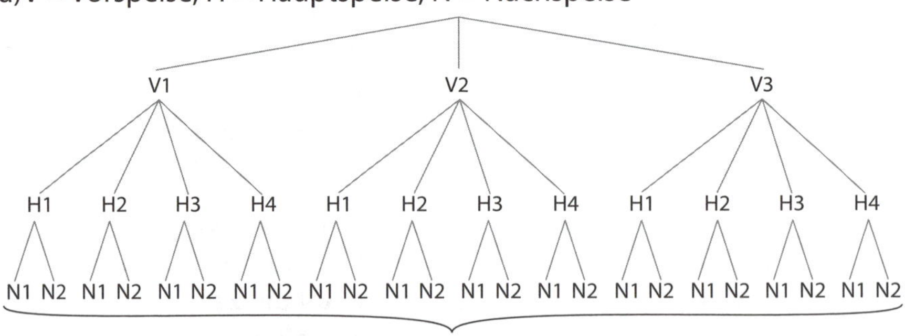


**24** mögliche Kombinationen

Rechne so: 3 (Vorspeisen) · 4 (Hauptspeisen) · 2 (Nachspeisen) = **24**
Es gibt **24 Menüzusammenstellungen**.

b) Jedes Menü kann mit **Getränk eins** oder **Getränk zwei** bestellt werden. Es gibt also 24 · **2** = **48 Möglichkeiten**.

**75** Es gibt **6 Möglichkeiten**.

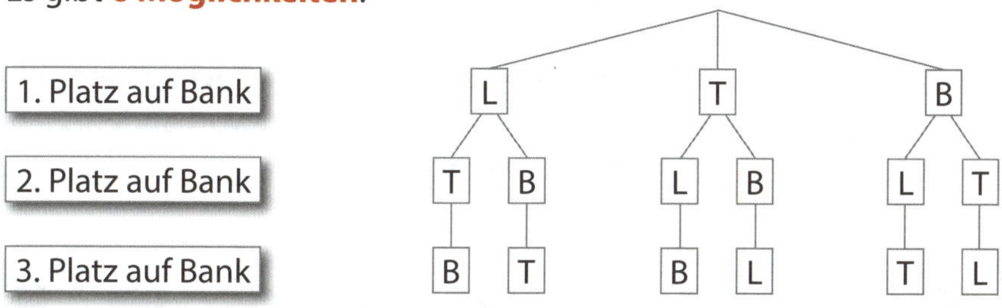


**76** a)

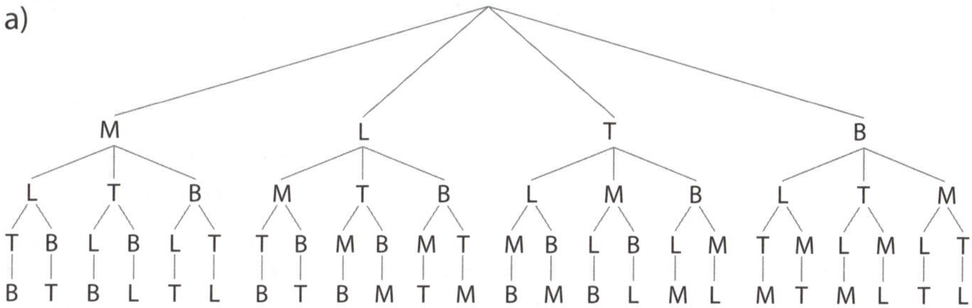


Rechne: 4 · 3 · 2 · 1 = **24** Es gibt **24 Möglichkeiten**.

b) Für **Lea**, **Tim** und **Ben** gibt es 3 · 2 · 1 = **6 Möglichkeiten** untereinander zu tauschen. Mia kann nur links oder rechts am Rand sitzen. Somit sind es insgesamt 6 · 2 = **12 Möglichkeiten**.

c) Die Möglichkeiten, wenn Lea nicht am Rand sitzen will, kann man aus der „Randaufgabe" (siehe Aufgabe **76** b)) erschließen, da Lea nicht am Rand und Lea am Rand zusammen alle Möglichkeiten ergibt. Da für Lea das Gleiche gilt wie für Mia, sind es also 24 – 12 = **12 Möglichkeiten**, dass **Lea nicht am Rand** sitzt.
**Oder**: **Lea** sitzt auf **Platz 2**, dann haben die anderen **6 Möglichkeiten** zu tauschen. **Ebenso** gilt dies für **Platz 3**. Insgesamt gibt es also 6 + 6 =**12 Möglichkeiten**.

d) Wenn Lea und Tim bereits nebeneinander auf der Bank sitzen (z. B. auf **Platz 1 und 2**), haben die anderen noch **2 Möglichkeiten**. Da Lea und Tim ihre Plätze auch noch tauschen können, hat man schon **2 · 2 Möglichkeiten**. Nun können Lea und Tim nicht nur auf Platz 1 und 2 sitzen, sondern auch auf 2 und 3 und auf 3 und 4 – also insgesamt **3 Möglichkeiten** für ihre Plätze. Damit ergibt sich gesamt $(2 \cdot 2) \cdot 3 =$ **12 Möglichkeiten**.

**77** a) Insgesamt gib es **11 Möglichkeiten** für die **erste Socke**. Dann sind nur noch **10 Möglichkeiten** für die **zweite Socke** vorhanden. Es sind also $11 \cdot 10 =$ **110 Kombinationen** möglich.

b) Es sind **9 Möglichkeiten**:

c) 1. **Gleiche Farben unterscheidbar**: Für **grün + grün** ergeben sich $4 \cdot 3 =$ **12**, für **blau + blau** $4 \cdot 3 =$ **12** und für **schwarz + schwarz** $2 \cdot 1 =$ **2 Fälle**. Insgesamt also $12 + 12 + 2 =$ **26 Fälle** mit **gleichfarbigen** Socken.
2. **Gleiche Farben nicht unterscheidbar**: Bei **3 Fällen** sind die Socken **gleichfarbig**: grün + grün, blau + blau, schwarz + schwarz.

**78**

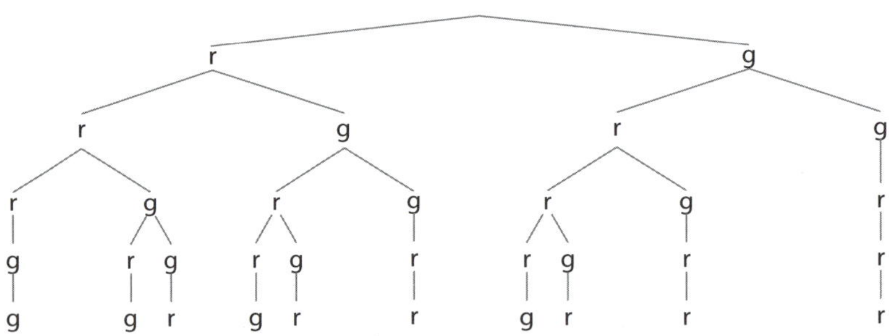


Es können **10 verschiedene Türme** gebaut werden.

**79** a) $6 \cdot 5 \cdot 4 =$ **120** (6 Möglichkeiten für Platz 1; 5 Möglichkeiten für Platz 2; 4 Möglichkeiten für Platz 3)
Es gibt **120 Möglichkeiten**.

# Gesamtübersicht

Lernen · Üben · Fördern

## Kindergarten · Vorschule 4 – 7 J.

**619** Kindergartenblock – Gemeinsamkeiten und Unterschiede ab 4 Jahre
978-3-88100-619-4 | 5,90 EUR③ | A5-Block

**620** Kindergartenblock – Das kann ich schon! ab 4 Jahre
978-3-88100-620-0 | 5,90 EUR③ | A5-Block

**621** Kindergartenblock – Formen, Farben, Fehler finden ab 4 Jahre
978-3-88100-621-7 | 5,90 EUR③ | A5-Block

**622** Kindergartenblock – Verbinden, vergleichen, Fehler finden ab 4 Jahre
978-3-88100-622-4 | 5,90 EUR③ | A5-Block

**618** Vorschulblock – Schneiden, kleben, basteln ab 5 Jahre
978-3-88100-618-7 | 5,90 EUR③ | A5-Block

**623** Vorschulblock – Konzentration und Wahrnehmung ab 5 Jahre
978-3-88100-623-1 | 5,90 EUR③ | A5-Block

**624** Vorschulblock – Logisches Denken, rätseln und knobeln ab 5 Jahre
978-3-88100-624-8 | 5,90 EUR③ | A5-Block

**625** Vorschulblock – Fit zum Schuleintritt ab 5 J.
978-3-88100-625-5 | 5,90 EUR③ | A5-Block

**626** Vorschulblock – Schwungübungen ab 5 J.
978-3-88100-626-2 | 5,90 EUR③ | A5-Block

**627** Vorschulblock –Zahlen und Mengen ab 5 J.
978-3-88100-627-9 | 5,90 EUR③ | A5-Block

**628** Vorschulblock – Buchstaben u. Laute ab 5 J.
978-3-88100-628-6 | 5,90 EUR③ | A5-Block

**611** Vorschule: Schulreife fördern
978-3-88100-611-8 | 4,90 EUR② | A5-Heft

**612** Vorschule: Sprache entdecken
978-3-88100-612-5 | 4,90 EUR② | A5-Heft

**613** Vorschule: Zahlen entdecken
978-3-88100-613-2 | 4,90 EUR② | A5-Heft

**614** Vorschule: Unsere vier Jahreszeiten
978-3-88100-614-9 | 2,90 EUR① | A5-Heft

**615** Vorschule: Rund um meinen Körper
978-3-88100-615-6 | 2,90 EUR① | A5-Heft

## École maternelle · Preschool 4 – 7 J.

**760** Bloc de maternelle – Je sais déjà faire tout ça ! À partir de 4 ans
978-3-88100-760-3 | 5,90 EUR③ | A5-Block

**761** Bloc de maternelle – Relier, comparer, trouver des erreurs À partir de 4 ans
978-3-88100-761-0 | 5,90 EUR③ | A5-Block

**762** Bloc de maternelle – Pensée logique, devinettes et réflexion À partir de 5 ans
978-3-88100-762-7 | 5,90 EUR③ | A5-Block

**763** Bloc de maternelle – Chiffres et quantités À partir de 5 ans
978-3-88100-763-4 | 5,90 EUR③ | A5-Block

**766** Bloc de maternelle - Exercices de courbes À partir de 5 ans
978-3-88100-766-5 | 5,90 EUR③ | A5-Block

**767** Bloc de maternelle – Points communs et différences À partir de 4 ans
978-3-88100-767-2 | 5,90 EUR③ | A5-Block

**730** Preschool block – I can do that! 4 y. and up
978-3-88100-730-6 | 5,90 EUR③ | A5-Block

**731** Preschool block – Comparing, connecting, finding errors 4 years and up
978-3-88100-731-3 | 5,90 EUR③ | A5-Block

**732** Preschool block – Logical thinking, solving puzzles and tasks 5 years and up
978-3-88100-732-0 | 5,90 EUR③ | A5-Block

**733** Preschool block – Numbers and quantities 5 years and up
978-3-88100-733-7 | 5,90 EUR③ | A5-Block

**736** Preschool block – Handwriting exercises 5 years and up
978-3-88100-736-8 | 5,90 EUR③ | A5-Block

**737** Preschool block – Similarities and differences 4 years and up
978-3-88100-737-5 | 5,90 EUR③ | A5-Block

**Besser lernen und spielerisch üben für Kindergarten & Schule**

**von Pädagogen empfohlen!**

## Malblöcke 4 – 6 Jahre

**601** Malblock – Indianer, Ritter und Piraten
978-3-88100-601-9 | 4,90 EUR[2] | A5-Block

**602** Malblock – Märchen und Zauberei
978-3-88100-602-6 | 4,90 EUR[2] | A5-Block

**603** Malblock – Notarzt, Polizei und Feuerwehr
978-3-88100-603-3 | 4,90 EUR[2] | A5-Block

**604** Malblock – Ponys und Pferde
978-3-88100-604-0 | 4,90 EUR[2] | A5-Block

**605** Malblock – Tiere im Zoo
978-3-88100-605-7 | 4,90 EUR[2] | A5-Block

## Rätselblöcke 5 – 10 Jahre

**630** Rätselblock ab 5 Jahre, Band 1
978-3-88100-630-9 | 5,90 EUR[3] | A5-Block

**636** Rätselblock ab 5 Jahre, Band 2
978-3-88100-636-1 | 5,90 EUR[3] | A5-Block

**631** Rätselblock ab 6 Jahre, Band 1
978-3-88100-631-6 | 5,90 EUR[3] | A5-Block

**637** Rätselblock ab 6 Jahre, Band 2
978-3-88100-637-8 | 5,90 EUR[3] | A5-Block

**632** Rätselblock ab 7 Jahre, Band 1
978-3-88100-632-3 | 5,90 EUR[3] | A5-Block

**638** Rätselblock ab 7 Jahre, Band 2
978-3-88100-638-5 | 5,90 EUR[3] | A5-Block

**633** Rätselblock ab 8 Jahre, Band 1
978-3-88100-633-0 | 5,90 EUR[3] | A5-Block

**639** Rätselblock ab 8 Jahre, Band 2
978-3-88100-639-2 | 5,90 EUR[3] | A5-Block

**634** Rätselblock ab 9 Jahre, Band 1
978-3-88100-634-7 | 5,90 EUR[3] | A5-Block

**640** Rätselblock ab 9 Jahre, Band 2
978-3-88100-640-8 | 5,90 EUR[3] | A5-Block

**635** Rätselblock ab 10 Jahre
978-3-88100-635-4 | 5,90 EUR[3] | A5-Block

## 1. Klasse Mathematik und Deutsch

**71** Mathe trainieren 1. Klasse
978-3-88100-071-0 | 7,90 EUR[4] | A5-Heft

**81** Tests in Mathe – Lernzielkontr. 1. Klasse
978-3-88100-181-6 | 11,90 EUR[6] | A4-Heft

**501** Erstleseblock – In der Schule ist was los!
978-3-88100-501-2 | 6,90 EUR[5] | A5-Block

**503** Erstleseblock – Tiergeschichten
978-3-88100-503-6 | 6,90 EUR[5] | A5-Block

**504** Erstleseblock – Sportlich, sportlich!
978-3-88100-504-3 | 6,90 EUR[5] | A5-Block

**506** Erstleseblock – Quer durchs Jahr
978-3-88100-506-7 | 6,90 EUR[5] | A5-Block

**651** Mathe auf dem Bauernhof 1. Klasse
978-3-88100-651-4 | 7,90 EUR[4] | A5-Heft

**659** Quer durch die 1. Klasse, Richtig schreiben
978-3-88100-659-0 | 7,90 EUR[4] | A5-Block

**660** Quer durch die 1. Klasse, Lesen üben
978-3-88100-660-6 | 7,90 EUR[3] | A5-Block

**661** Quer durch die 1. Klasse, Mathe u. Deutsch
978-3-88100-661-3 | 7,90 EUR[4] | A5-Block

**212** Grammatik 1./2. Klasse
978-3-88100-212-7 | 7,90 EUR[4] | A5-Heft

**251** Rechtschreiben 1. Klasse
978-3-88100-251-6 | 7,90 EUR[4] | A5-Heft

**271** Besser lesen 1. Klasse
978-3-88100-271-4 | 7,90 EUR[4] | A5-Heft

**281** Tests in Deutsch – Lernzielkontr. 1. Klasse
978-3-88100-281-3 | 11,90 EUR[6] | A4-Heft

## 2. Klasse Mathematik und Deutsch

**52** Textaufgaben 2. Klasse
978-3-88100-052-9 | 7,90 EUR[4] | A5-Heft

**72** Mathe trainieren 2. Klasse
978-3-88100-072-7 | 7,90 EUR[4] | A5-Heft

**82** Tests in Mathe – Lernzielkontr. 2. Klasse
978-3-88100-082-6 | 11,90 EUR[6] | A4-Heft

**652** Einmaleins Mathematik 2./3. Klasse
978-3-88100-048-2 | 7,90 EUR[4] | A5-Heft

**665** Quer durch die 2./3. Kl., Das kl. Einmaleins
978-3-88100-665-1 | 7,90 EUR[4] | A5-Block

**662** Quer durch die 2. Klasse, Mathe u. Deutsch
978-3-88100-662-0 | 7,90 EUR[4] | A5-Block

**212** Grammatik 1./2. Klasse
978-3-88100-212-7 | 7,90 EUR[4] | A5-Heft

**221** Aufsatz Deutsch 2. Klasse
978-3-88100-221-9 | 7,90 EUR[4] | A5-Heft

**242** Rechtschreiben und Diktate 2. Klasse
978-3-88100-242-4 | 7,90 EUR[4] | A5-Heft

**272** Besser lesen 2. Klasse
978-3-88100-272-1 | 7,90 EUR[4] | A5-Heft

**282** Tests in Deutsch – Lernzielkontr. 2. Klasse
978-3-88100-282-0 | 11,90 EUR[6] | A4-Heft

**292** Lesetests in Deutsch – Lernzielkontr. 2. Kl.
978-3-88100-292-9 | 11,90 EUR[6] | A4-Heft

## 3. Klasse Mathematik, Deutsch, Englisch und Sachunterricht

**53** Textaufgaben 3. Klasse
978-3-88100-053-6 | 7,90 EUR® | A5-Heft

**73** Mathe trainieren 3. Klasse
978-3-88100-073-4 | 7,90 EUR® | A5-Heft

**83** Tests in Mathe – Lernzielkontr. 3. Klasse
978-3-88100-083-3 | 11,90 EUR® | A4-Heft

**652** Einmaleins Mathematik 2./3. Klasse
978-3-88100-048-2 | 7,90 EUR® | A5-Heft

**653** Mathe-Abenteuer 3. Klasse: Im Mittelalter
978-3-88100-653-8 | 7,90 EUR® | A5-Heft

**665** Quer durch die 2./3. Klasse, Das kleine Einmaleins
978-3-88100-665-1 | 7,90 EUR® | A5-Block

**663** Quer durch die 3. Klasse, Mathe u. Deutsch
978-3-88100-663-7 | 7,90 EUR® | A5-Block

**213** Grammatik 3. Klasse
978-3-88100-213-4 | 7,90 EUR® | A5-Heft

**222** Aufsatz Deutsch 3. Klasse
978-3-88100-222-6 | 7,90 EUR® | A5-Heft

**243** Diktate Deutsch 3./4. Klasse
978-3-88100-243-1 | 7,90 EUR® | A5-Heft

**253** Rechtschreiben und Diktate 3. Klasse
978-3-88100-253-0 | 7,90 EUR® | A5-Heft

**273** Besser lesen 3. Klasse
978-3-88100-273-8 | 7,90 EUR® | A5-Heft

**283** Tests in Deutsch – Lernzielkontr. 3. Klasse
978-3-88100-283-7 | 11,90 EUR® | A4-Heft

**293** Lesetests in Deutsch – Lernzielkontr. 3. Kl.
978-3-88100-293-6 | 11,90 EUR® | A4-Heft

**403** Tests im Sachunterricht – Lernzielkontrolle 3. Klasse
978-3-88100-403-9 | 11,90 EUR® | A4-Heft

**311** Mein buntes Vokabelheft. Englisch 3./4. Kl.
978-3-88100-045-1 | 7,90 EUR® | A5-Heft

**673** Quer durch die 3. Klasse, Englisch
978-3-88100-673-6 | 7,90 EUR® | A5-Block

## 4. Klasse Mathematik, Deutsch, Englisch und Sachunterricht

**19** Textaufgaben 4. Klasse
978-3-88100-019-2 | 7,90 EUR® | A5-Heft

**74** Mathe trainieren 4. Klasse
978-3-88100-074-1 | 7,90 EUR® | A5-Heft

**84** Tests in Mathe – Lernzielkontr. 4. Klasse
978-3-88100-084-0 | 11,90 EUR® | A4-Heft

**99** Fit zum Übertritt – Mathe 4. Klasse
978-3-88100-099-4 | 11,90 EUR® | A4-Heft

**664** Quer durch die 4. Klasse, Mathe und Deutsch
978-3-88100-664-4 | 7,90 EUR® | A5-Block

**214** Grammatik 4. Klasse
978-3-88100-214-1 | 7,90 EUR® | A5-Heft

**223** Aufsatz Deutsch 4. Klasse
978-3-88100-223-3 | 7,90 EUR® | A5-Heft

**224** Bildergeschichte. Aufsatz 4./5. Klasse
978-3-88100-224-0 | 7,90 EUR® | A5-Heft

**225** Erlebniserzählung. Aufsatz 4./5. Klasse
978-3-88100-225-7 | 7,90 EUR® | A5-Heft

**243** Diktate Deutsch 3./4. Klasse
978-3-88100-243-1 | 7,90 EUR® | A5-Heft

**254** Rechtschreiben und Diktate 4. Klasse
978-3-88100-254-7 | 7,90 EUR® | A5-Heft

**274** Besser lesen 4. Klasse
978-3-88100-274-5 | 7,90 EUR® | A5-Heft

**284** Tests in Deutsch – Lernzielkontr. 4. Klasse
978-3-88100-284-4 | 11,90 EUR® | A4-Heft

**294** Lesetests in Deutsch – Lernzielkontr. 4. Klasse
978-3-88100-294-3 | 11,90 EUR® | A4-Heft

**299** Fit zum Übertritt – Deutsch 4. Klasse
978-3-88100-299-8 | 11,90 EUR® | A4-Heft

**404** Tests im Sachunterricht – Lernzielkontr. 4. Klasse
978-3-88100-404-6 | 11,90 EUR® | A4-Heft

**311** Mein buntes Vokabelheft. Englisch 3./4. Klasse
978-3-88100-045-1 | 7,90 EUR® | A5-Heft

**674** Quer durch die 4. Klasse, Englisch
978-3-88100-674-3 | 7,90 EUR® | A5-Block

**Fit für jede Klassenarbeit!**

## Weiterführende Schulen
### Mathematik, Deutsch und Englisch

**24** Bruchrechnen ab 6. Klasse
978-3-88100-024-6 | 7,90 EUR④ | A5-Heft

**44** Flächenberechnung – Umfang und Fläche von Rechteck und Quadrat
978-3-88100-044-4 | 7,90 EUR④ | A5-Heft

**60** Textaufgaben Mittel-/Hauptschule 5. Klasse
978-3-88100-060-4 | 7,90 EUR④ | A5-Heft

**65** Prozentrechnen 6.–9. Klasse
978-3-88100-065-9 | 7,90 EUR④ | A5-Heft

**155** Rechnen und Textaufgaben – Gymnasium 5. Klasse
978-3-88100-155-7 | 7,90 EUR④ | A5-Heft

**156** Rechnen u. Textaufgaben – Gymnasium 6. Klasse
978-3-88100-156-4 | 7,90 EUR④ | A5-Heft

**165** Rechnen und Textaufgaben – Realschule 5. Klasse
978-3-88100-165-6 | 7,90 EUR④ | A5-Heft

**215** Grammatik 5.–7. Klasse
978-3-88100-215-8 | 7,90 EUR④ | A5-Heft

**224** Bildergeschichte. Aufsatz 4./5. Klasse
978-3-88100-224-0 | 7,90 EUR④ | A5-Heft

**225** Erlebniserzählung. Aufsatz 4./5. Klasse
978-3-88100-225-7 | 7,90 EUR④ | A5-Heft

**226** Bericht. Aufsatz 5.–7. Klasse
978-3-88100-226-4 | 7,90 EUR④ | A5-Heft

**228** Inhaltsangabe. Aufsatz 7.–9. Klasse
978-3-88100-228-8 | 7,90 EUR④ | A5-Heft

**230** Erörterung. Aufsatz 8.–11. Klasse
978-3-88100-230-1 | 7,90 EUR④ | A5-Heft

**245** Diktate 5./6. Klasse
978-3-88100-245-5 | 7,90 EUR④ | A5-Heft

**260** Rechtschreibtraining ab 5. Klasse/Erw.
978-3-88100-046-8 | 7,90 EUR④ | A5-Heft

**261** Zeichensetzung ab 6. Klasse/Erwachsene
978-3-88100-047-5 | 7,90 EUR④ | A5-Heft

**301** Present: Progressive & Simple Englisch 5. Klasse
978-3-88100-301-8 | 7,90 EUR④ | A5-Heft

**303** Frage und Verneinung. Englisch ab 6. Klasse und für Erwachsene
978-3-88100-303-2 | 7,90 EUR④ | A5-Heft

**305** Simple Past & Present Perfect. Englisch ab 6. Klasse und für Erwachsene
978-3-88100-305-6 | 7,90 EUR④ | A5-Heft

**321** Wichtige Grammatikbereiche. Englisch 5. Klasse
978-3-88100-321-6 | 7,90 EUR④ | A5-Heft

**322** Wichtige Grammatikbereiche. Englisch 6. Klasse
978-3-88100-322-3 | 7,90 EUR④ | A5-Heft

**323** Wichtige Grammatikbereiche. Englisch 7. Klasse
978-3-88100-323-0 | 7,90 EUR④ | A5-Heft

**341** Diktate und Übersetzungen. Englisch 5. Klasse
978-3-88100-341-4 | 7,90 EUR④ | A5-Heft

## Grundschule Hausaufgabenheft

**700** Hausaufgabenheft
978-3-88100-700-9 |
3,90 EUR | 4,00 EUR [A] | 4.70 CHF | A5-Heft

## Nonbook
### Doggys kunterbunte Kisten

Doggys Schatzkiste
EAN 4260689980024 | UVP 24,90 EUR

Doggys Pausenkiste
EAN 4260689980017 | UVP 17,90 EUR

**Qualität durch mehr als 45 Jahre Erfahrung**

**gezielt fördern**

**selbstständig lernen**

**motiviert üben und wiederholen**

**von Kindern getestet**

gemeinsam wachsen lernen
**hauschkaverlag**

Lilienthalstr. 1 · 82178 Puchheim · **hauschkaverlag.de**

3,00 EUR [A] | 3.50 CHF
5,00 EUR [A] | 5.90 CHF
6,10 EUR [A] | 7.10 CHF
④ 8,10 EUR [A] | 9.50 CHF
⑤ 7,10 EUR [A] | 8.30 CHF
⑥ 12,20 EUR [A] | 14.30 CHF

b) Für Tim gibt es 3 Möglichkeiten: 1. Platz, 2. Platz oder 3. Platz. Für die beiden anderen Plätze gibt es dann noch $5 \cdot 4$ Möglichkeiten.
Also insgesamt $3 \cdot (5 \cdot 4) =$ **60 Möglichkeiten**.

**80** Schreibe dir alle Zahlen in einem Baumdiagramm auf! Durch 3 teilbar sind **21**, **24**, **27**, **36**, **39**, **51**, **54**, **57**, **75**, **96** und **99**. Es sind **11** Zahlen.
Die Teilbarkeitsregeln helfen dir – siehe Aufgaben **50** bis **53**.

**81** **LEA** – 3 verschiedene Buchstaben (3 Plätze);
Es sind $3 \cdot 2 \cdot 1 =$ **6 Kombinationen**.

**TEE** (Tipp: Wie viele Möglichkeiten sind wegen zweimal E identisch?)
3 Buchstaben (somit 3 Plätze), 2 davon identisch
Es sind $(3 \cdot 2 \cdot 1) : 2 =$ **3 Kombinationen**, da immer 2 identisch sind, wenn man die beiden E vertauscht.

**KETTE** (5 Plätze): Hier muss man wieder auf die gleichen Buchstaben achten und identische Wörter, die sich durch einen Tausch der gleichen Buchstaben ergeben, zusammenfassen.
Für das E sind es immer $2 \cdot 1 = 2$ und ebenso für das T.
Es sind $(5 \cdot 4 \cdot 3 \cdot 2 \cdot 1) : (2 \cdot 2) =$ **30 Kombinationen**.

| LEA |
|---|
| **LAE** |
| **ELA** |
| **EAL** |
| **ALE** |
| **AEL** |
| |
| |
| |
| |

| TEE |
|---|
| **ETE** |
| **EET** |
| |
| |
| |
| |
| |
| |
| |

| KETTE | **TEKET** | **EKTTE** |
|---|---|---|
| **KETET** | **TETKE** | **EETTK** |
| **KEETT** | **TETEK** | **EETKT** |
| **KTETE** | **TEETK** | **EEKTT** |
| **KTTEE** | **TEEKT** | **ETEKT** |
| **KTEET** | **TTEEK** | **ETETK** |
| **TKETE** | **TTEKE** | **ETKTE** |
| **TKTEE** | **TTKEE** | **ETKET** |
| **TKEET** | **EKETT** | **ETTEK** |
| **TEKTE** | **EKTET** | **ETTKE** |

**82** a) Es sind $2 \cdot 2 \cdot 2 = 2^3 =$ **8 Möglichkeiten**.
b) KZZ, ZKZ, ZZK. Es gibt **3 Möglichkeiten**.

**83** a) Es sind insgesamt **9 Ballons**. Dafür haben sie $9 \cdot 8 \cdot 7 \cdot 6 \cdot 5 \cdot 4 \cdot 3 \cdot 2 \cdot 1$ = **362 880 Möglichkeiten**. Hiervon sind einige Möglichkeiten identisch, da gleichfarbige Ballons dabei sind. Für die **blauen** sind dies $3 \cdot 2 \cdot 1 =$ **6**, für die **gelben** $4 \cdot 3 \cdot 2 \cdot 1 =$ **24** und für die **grünen** $2 \cdot 1 =$ **2 Möglichkeiten**. Die Anzahl der verschiedenen Möglichkeiten ist also $362\,880 : (6 \cdot 24 \cdot 2) = 362\,880 : 288 =$ **1 260**.
Es gibt **1 260 Möglichkeiten** die Ballons verschieden aufzuhängen.

b) Es stoßen **10 Personen miteinander** an. Der **erste** kann **mit 9 Personen** anstoßen. Für **den zweiten** bleiben dann noch **8 andere**, für den **dritten 7** ...
Insgesamt klingen die Gläser: $9 + 8 + 7 + 6 + 5 + 4 + 3 + 2 + 1 =$ **45-mal**.

c) Es sind 5 Jungen und 5 Mädchen. **Jedes Mädchen** kann **mit 5 Jungen** tanzen. Es sind 5 Mädchen, also sind insgesamt $5 \cdot 5 =$ **25 Tanzpaare** möglich.

**84** a) 35 € 2 ct + 84 ct + 4 € – 3 € 7 ct
= 3 502 ct + 84 ct + 400 ct – 307 ct = 3 679 ct = **36,79 €**

b) 3,60 € + 4 · 20 ct – 2 · 25 ct + 3,58 €
= 360 ct + 80 ct – 50 ct +358 ct = 748 ct = **7,48 €**

c) 6,25 € – 3 · 0,75 € = 625 ct – 225 ct = 400 ct = **4 €**

d) 8,99 € + 1,50 € : 3 = 899 ct +50 ct = 949 ct = **9,49 €**

**85** 3 · 125 ct + 4 · 210 ct + 3 · 75 ct = 375 ct + 840 ct + 225 ct = 1 440 ct = **14,40 €** ⟶ 20 € – 14,40 € = 2 000 ct – 1 440 ct = 560 ct = **5 € 60 ct**
Lea erhält **5,60 €** zurück.

**86** 345 € + 50 € + 9 · 5 € = 395 € + 45 € = **440 €**
Das Wunschrad kostet **440 €**.

**87** a) 860,90 € – 140,90 € = **720 €** (Restbetrag)
720 € : 10 = **72 €**
Eine Monatsrate beträgt **72 €**.

b) 720 € : 90 € = **8**
Tims Eltern müssen bei einer Rate von 90 € **8 Monatsraten** bezahlen.

**88** Selbstkosten: 50 · 0,05 € = **2,50 €**
Verkauf: 45 · 0,35 € + 5 · 0,15 € = 15,75 € + 0,75 € = **16,50 €**
Gewinn: 16,50 € – 2,50 € = **14 €**
Der Bäcker macht mit den Semmeln einen **Gewinn von 14 €**.

**89** a) Selbstkosten: 50 · 0,50 € + 17,50 € = **42,50 €** (50 Gläschen + Zutaten)
Verkauf: 42,50 € + 60 € = **102,50 €** (Selbstkosten + Gewinn)
Verkaufspreis **eines** Gläschens: 102,50 € : 50 = **2,05 €**
Für einen Gewinn von mindestens 60 € müssen sie ein Gläschen für **mindestens 2,05 €** verkaufen.

b) Wenn der Verkaufspreis genau dem Selbstkostenpreis entspricht, haben sie keinen Verlust, (aber auch keinen Gewinn).
Selbstkosten für **ein** gefülltes Marmeladenglas:
42,50 € : 50 = 4 250 ct : 50 = 85 ct = **0,85 €**
Für ein Gläschen müssen sie **mindestens 85 ct** verlangen.

**90** a) 68 € : 2 = **34 €**
Jeder bekommt **34 €**.

b) 68 € : 4 = **17 €** ⟶ 17 € · 3 = **51 €**
Tim bekommt **17 €** und Lea **51 €**.

**91** 2 t = **2 000** kg
8 710 g = **8,710** kg
459,34 kg = **459 340** g
37 kg = **37 000 000** mg
2 kg 88 g = **2 088** g
2,67 g = **2 670** mg
4 kg 487 g = **4 487 000** mg
263 kg = **0,263** t

**92** a) 5 kg + 350 g – 77 g + 0,5 t
= 5 000 g + 350 g – 77 g + 500 000 g = 505 273 g = **505,273 kg**

b) 4 · 9,8 g + 555 mg – 0,45 kg + 1,5 kg : 3
= 4 · 9 800 mg + 555 mg – 450 g + 1 500 g : 3
= 39 755 mg – 450 g + 500 g = 39 755 mg + 500 g – 450 g
= 39 755 mg + 50 g = 39 755 mg + 50 000 mg = 89 755 mg
= **0,089755 kg**

c) 0,6 kg : 12 = 600 g : 12 = 50 g = **0,050 kg**

d) (867 mg + 0,023 g) · 11 – 2,1 g = (867 mg + 23 mg) · 11 – 2,1 g
= 890 mg · 11 – 2,1 g = 9 790 mg – 2 100 mg = 7 690 mg = **0,00769 kg**

**93** a) Tagesmenge: 25 g + 3 · 25 g = **100 g** 0,8 kg : 100 g = 800 g : 100 g = **8**
Das Müsli reicht **8 Tage**.

b) 30 · 100 g = 3 000 g = **3 kg**
Sie müsste **3 kg Müsli** kaufen.

**94** $\square$ steht für die Anzahl der großen Gläser.

a) Daraus ergibt sich: Es werden 3 · $\square$ kleine Gläser benötigt.

$$\underbrace{3 \cdot \square \cdot 30\ \text{g}}_{\text{Erdbeeren für kleine Gläser}} + \underbrace{\square \cdot 60\ \text{g}}_{\text{Erdbeeren für große Gläser}} = \underbrace{1{,}5\ \text{kg} + 1{,}5\ \text{kg}}_{\text{gesammelte Erdbeeren}}$$

90 g · $\square$ + 60 g · $\square$ = 3 000 g

150 g · $\square$ = 3 000 g  $\square$ = 3 000 g : 150 g  $\square$ = **20**

Es können **20 große Gläschen** hergestellt werden.
3 · 20 = 60
Es können **60 kleine Gläschen** hergestellt werden.

b) Marmeladenmenge insgesamt: 60 · 50 g + 20 · 100 g = **5 000 g**
5 000 g : 10 g = 500 ⟶ 500 · 25 ct = 12 500 ct = **125 €**
Die beiden können **125 €** einnehmen.

**95** Beladung: Halbe Anzahl: 2,5 t + 250 kg = **2,75 t**
Andere Hälfte: 2,5 t + 1,05 t = **3,55 t**

Ein leichter und ein schwerer Container wiegen zusammen:
2,75 t + 3,55 t = **6,3 t**

$$94{,}5\ \text{t} : \underbrace{(2{,}75\ \text{t} + 3{,}55\ \text{t})}_{= 2\ \text{Container}} = 94\,500\ \text{kg} : 6\,300\ \text{kg} = \textbf{15 (Doppelcontainer)}$$

2 · 15 = **30**
**30 Container** befinden sich auf dem Schiff.

**96** 120 min = **2** h
2,5 h = **150** min
30 min = **0,5** h
578 min = **9** h **38** min

7 200 s = **2** h
1,5 h = **5 400** s
3 d 15 h = **87** h
4,25 h = **4** h **15** min

**97** a) Montag: 13:10 Uhr —**10 h 50 min**→ 0:00 Uhr
Dienstag: **24 h**    Mittwoch: **24 h**
Donnerstag: 0:00 Uhr —**11 h 35 min**→ 11:35 Uhr
10 h 50 min + 24 h + 24 h + 11 h 35 min = **70 h 25 min**
= **2 d 22 h 25 min**
Tim war insgesamt **2 d 22 h 25 min** unterwegs.

b) Montag: 7:15 Uhr —**16 h 45 min**→ 0:00 Uhr
Dienstag: **24 h**    Mittwoch: **24 h**
Donnerstag: 0:00 Uhr —**11 h 35 min**→ 11:35 Uhr
16 h 45 min + 24 h + 24 h + 11 h 35 min + 25 min = **76 h 45 min**
Tim war insgesamt **76 h 45 min** von zu Hause weg.

**98** 4:55 Uhr (Zeit in Rio) = 9:55 Uhr (Zeit in München)
18:00 Uhr —**15 h 55 min**→ 9:55 Uhr
Reisezeit insgesamt: 15 h 55 min – 3 h 10 min = **12 h 45 min**
Die **reine Flugzeit** beträgt **12 h 45 min**.

**99**

| Abfahrt München | Fahrtdauer → | Ankunft Nürnberg | Abfahrt Nürnberg | Fahrtdauer → | Ankunft Leipzig | Abfahrt Leipzig | Fahrtdauer → | Ankunft Berlin |
|---|---|---|---|---|---|---|---|---|
| 11:47 | **1 h 10 min** | 12:57 | 13:06 | 3 h 43 min | **16:49** | 16:51 | **1 h 14 min** | 18:05 |

| Abfahrt Würzburg | Fahrtdauer → | Ankunft Fulda | Abfahrt Fulda | Fahrtdauer → | Ankunft Celle | Abfahrt Celle | Fahrtdauer → | Ankunft Hamburg |
|---|---|---|---|---|---|---|---|---|
| **15:29** | 48 min | 16:17 | 16:18 | **1 h 53 min** | 18:11 | 18:12 | 1 h 34 min | **19:46** |

**100** a) 1 h 15 min + 50 min + 0,5 h + 45 min
= 75 min + 50 min + 30 min + 45 min = 200 min = **3 h 20 min**

☐ $\xrightarrow{\text{3 h 20 min}}$ 12:30 Uhr
Lea muss spätestens um **9:10 Uhr** losgehen.

b) 12:30 Uhr $\xrightarrow{\text{+ 2 h + 2 h 25 min – 15 min}}$ **16:40 Uhr**
Lea ist um ca. **16:40 Uhr** wieder zurück am Parkplatz.

**101**

| | km | | | m | | | dm | cm | mm | in der größten vorkommenden Einheit |
|---|---|---|---|---|---|---|---|---|---|---|
| | H | Z | E | H | Z | E | | | | |
| a) | | | | | 1 | 3 | 8 | 4 | | = 13,84 m |
| b) | | | | | | **8** | **0** | **6** | **4** | = **8,064 m** |
| c) | | | | | **5** | **8** | **4** | **3** | **4** | = **58,434 m** |
| d) | | | | **3** | **9** | **5** | **4** | | | = **395,4 m** |
| e) | | | | | **4** | **8** | **9** | | | = **48,9 m** |
| f) | | | | | **5** | **0** | **0** | **3** | **6** | = **50,036 m** |
| g) | | **2** | **7** | **9** | **4** | **7** | **2** | **2** | | = **27,94722 km** |
| h) | **8** | **4** | **6** | **4** | **6** | **6** | **8** | | | = **846,4668 km** |

**102** a) 2 m 30 cm = 230 cm ✓
b) 5,506 km = **5 506** m (Fehler: Die 0 wurde vergessen.)
c) 2 dm 37 cm = **57** cm (Fehler: 2 dm wurden in 200 cm umgerechnet.)
d) 9,5 km = 9 km **500** m (Fehler: 0,5 km = 500 m, nicht 50 m.)
e) 0,5 m = **5** dm (Fehler: 1 m wurde in 100 dm umgerechnet, nicht in 10 dm.)
f) 3 km 30 m 3 cm = 303 003 cm ✓

**103** 64 m + (748 m – 645 m) = 64 m + 103 m = **167 m**
Lea ist insgesamt **167 m** aufgestiegen.

**104** Skizze für den Zaun:

a) 4,80 m : 80 cm = 480 cm : 80 cm = **6** (Pfosten für 1 kurze Seite + 1 Ecke)
9,60 m : 80 cm = 960 cm : 80 cm = **12** (Pfosten für 1 lange Seite + 1 Ecke)
⟶ 6 + 6 + 12 + 1 (vierte Ecke!) = **25**
Er braucht insgesamt **25 Pfosten**.

b) Zwischen 25 Pfosten gibt es genau 24 Zwischenräume, die mit Brettern verbunden werden. Herr Schreiner füllt jeden Zwischenraum mit 2 Brettern: $24 \cdot 2 =$ **48**
Er muss **48 Bretter** kaufen.

**105** Breite aller Wände zusammen:
3,6 m + 5,4 m + 3,6 m + 5,4 m = 18 m
18 m : 60 cm (Breite der Tapete) =
1 800 cm : 60 cm = **30**

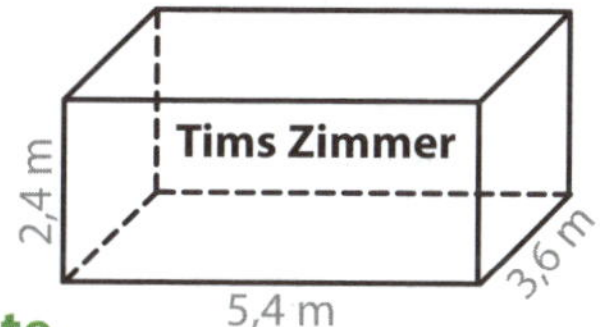


**Nebeneinander** braucht Tim **30 Bahnen Tapete**, die jeweils eine Länge von mindestens 2,4 m haben müssen.

$30 \cdot 2{,}4$ m = $30 \cdot 24$ dm = 720 dm = 72 m
Eine Rolle ist 20 m lang: 72 m : 20 m = **3 Rest 12 m** ⟶ 4 Rollen
Tim muss **mindestens 4 Rollen** kaufen.

**106** a) Nach einer Faltung ist das Blatt doppelt so dick, also $2 \cdot 0{,}1$ mm = 0,2 mm. Jede weitere Faltung verdoppelt wieder das vorhergehende Ergebnis. Insgesamt ergibt sich ein Term:
$0{,}1 \text{ mm} \cdot 2 \cdot 2 \cdot 2 \cdot 2 \cdot 2 \cdot 2 \cdot 2 = 0{,}1 \text{ mm} \cdot 2^7 = 12{,}8 \text{ mm} =$ **1,28 cm**
Das gefaltete Blatt ist **1,28 cm** dick.

b) $0{,}1 \text{ mm} \cdot 2^{23} = 838860{,}8 \text{ mm} \triangleq 0{,}8388608 \text{ km}$ (weniger als 1 km)
$0{,}1 \text{ mm} \cdot 2^{24} = 1\,677\,721{,}6 \text{ mm} \triangleq$ **1,6777216 km (mehr als 1 km)**
Lea müsste das Blatt mindestens **24-mal** falten.

**107** a) 4,8 cm : 8 = 48 mm : 8 = **6 mm**
Die Ameise ist in Wirklichkeit **6 mm** lang.

b) 3,2 cm : 8 mm = 32 mm : 8 mm = **4**
Das Mikroskop hat einen **Maßstab von 4 : 1**.

**108**

| Karte | | Stadtplan | Fahrradkarte | Wanderkarte |
|---|---|---|---|---|
| Maßstab | | 1:10 000 | 1:50 000 | **1:20 000** |
| Länge der Strecke auf der Karte | | 8,4 cm | **137 cm** | 28 cm |
| Länge der Strecke in Wirklichkeit | in cm | **84 000** | **6 850 000** | **560 000** |
| | in m | **840** | **68 500** | 5 600 |
| | in km | **0,84** | 68,5 | **5,6** |

**109** a) 368 m : 8 cm = 36 800 cm : 8 cm = **4 600**
Der Fernsehturm ist im **Maßstab 1 : 4 600** dargestellt.

b) 36 800 cm : 4 000 = **9,2 cm**
Bei einem Maßstab von 1 : 4 000 muss der Fernsehturm **9,2 cm hoch** dargestellt werden.

**110** Rote Linie (≙ Höhe des Gebäudes im Bild) = **6 cm**
6 cm · 13 800 = 82 800 cm ≙ **828 m**
Das Gebäude Burj Khalifa in Dubai ist **828 m hoch**.

**111** a) Je größer der Maßstab, desto kleiner wird das Modell.

b) Maßstab 1 : 87 ⟶ Wirklichkeit: 5 cm · 87 = **435 cm**
Das Auto ist in Wirklichkeit **435 cm** lang.

c) In Wirklichkeit ist das Auto **435 cm** lang (siehe Aufgabe b)).
Im Maßstab 1 : 15 ⟶ 435 cm : 15 = **29 cm**
Ein Modellauto im Maßstab 1 : 15 wäre **29 cm** lang.

d) In Wirklichkeit ist das Auto **435 cm** lang (siehe Aufgabe b)).
435 cm : 18 cm ≈ **24,2** ⟶ Maßstab (ungefähr): **1 : 24**

**112** Je größer der Maßstab ist, desto größer wird auch das Original bei gleicher Zeichnung.
Das Haus wird also **größer**, wenn im Bauplan eine **Null hinzugefügt** wird.
Wird eine **Null vergessen**, wird das Haus **kleiner**.

**113** a) A = **68** Quadrate D = **33** Quadrate G = **47** Quadrate
B = **50** Quadrate E = **84** Quadrate
C = **48** Quadrate F = **38** Quadrate

b) **D** < **F** < **G** < **C** < **B** < **A** < **E**

**114** a) A = **16** Quadrate B = **20** Quadrate C = **18** Quadrate

b) Überlege: Wie viele Quadrate passen in 1 cm$^2$? **4** Quadrate ≙ 1 cm$^2$
A = 16 Quadrate ≙ (16 : 4) cm$^2$ ≙ **4** cm$^2$
B = 20 Quadrate ≙ (20 : 4) cm$^2$ ≙ **5** cm$^2$
C = 18 Quadrate ≙ (18 : 4) cm$^2$ ≙ **4,5** cm$^2$

c) Überlege: Wie viele mm$^2$ passen in 1 cm$^2$? 1 cm$^2$ = **100** mm$^2$
A = 4 cm$^2$ = 4 · 100 mm$^2$ = **400** mm$^2$
B = 5 cm$^2$ = 5 · 100 mm$^2$ = **500** mm$^2$
C = 4,5 cm$^2$ = 4,5 · 100 mm$^2$ = **450** mm$^2$

**115** a) 8 dm$^2$ = **0,08 m$^2$**
b) 400 a = **4 ha**
c) 8 452 cm$^2$ = **84,52 dm$^2$**
d) 160 mm$^2$ = **1,6 cm$^2$**
e) 0,5 ha = **0,005 km$^2$**
f) 59,09 m$^2$ = **0,5909 a**
g) 7,65 ha = **0,0765 km$^2$**
h) 48 000 dm$^2$ = **480 m$^2$**

**116** a) 5 **dm**$^2$ = 0,05 m$^2$ c) 87 a 87 m$^2$ ✓ = 8 787 m$^2$ e) **2,04** ha = 2 ha 4 a
b) 9 00**0** mm$^2$ = 90 cm$^2$ d) 5 00**0** m = 5 km f) 7 000 0**00** m$^2$ = 700 ha

**117** Fläche des Blechs: 1 m$^2$ = 100 dm$^2$
100 · 18 g = 1 800 g = **1,8 kg**
So eine Platte ist **1,8 kg** schwer.

**118** $5\ a = 500\ m^2$

a) $500 \cdot 185\ € = $ **92 500 €**

Der Onkel muss **92 500 €** für das Grundstück bezahlen.

b) $5\ a = 500\ m^2$ $\qquad$ $500\ m^2 : 2 = 250\ m^2$

$250 \cdot 3{,}45\ € = $ **862,50 €** $\qquad$ $250 \cdot 5{,}25\ € = $ **1 312,50 €**

$862{,}50\ € + 1\,312{,}50\ € + 325\ € = $ **2 500 €**

Onkel Tom muss **2 500 €** bezahlen.

c) Blumen auf seinem Feld:

**Sonnenblumen**: $250 \cdot 10 = $ **2 500**; $\qquad$ **Tulpen**: $250 \cdot 25 = $ **6 250**

Gewinn: $2\,000\ € \longrightarrow$ Einnahmen: $2\,000\ € + 2\,500\ € = 4\,500\ €$
(Gewinn + Selbstkosten)

$\square$ = Preis für eine Tulpe $\longrightarrow 2 \cdot \square$ = Preis für eine Sonnenblume

$2 \cdot 2\,500 \cdot \square + 6\,250 \cdot \square = 4\,500\ € \longrightarrow 11\,250 \cdot \square = 4\,500\ €$

$\longrightarrow \square = 4\,500\ € : 11\,250 = 450\,000\ ct : 11\,250 = $ **40 ct**

Preis für eine Tulpe: **40 ct**

Preis für eine Sonnenblume: **80 ct**

Onkel Tom muss für eine Tulpe **0,40 €** und für eine Sonnenblume **0,80 €** verlangen.

d) $92\,500\ € : 2\,000\ € = $ **46 Rest 500 €** (Kaufpreis : Gewinn)

Onkel Tom müsste den Blumenverkauf **mindestens 47** Jahre lang durchführen.

e) Verkaufspreis für das gesamte Grundstück:

$75\,960\ € + 3\,540\ € + 92\,500\ € = $ **172 000 €**

$172\,000\ € : 500 = $ **344 €**

Ein Quadratmeter Bauland kostet **344 €**.

**119** Wichtig: Wandle zunächst alle Angaben in die gleiche Einheit um.

$A = 3\ cm \cdot 2{,}5\ dm = 3\ cm \cdot 25\ cm = $ **$75\ cm^2$**

Der Flächeninhalt beträgt **$75\ cm^2$** (= **$0{,}75\ dm^2$**).

$u = 2 \cdot 3\ cm + 2 \cdot 25\ cm = 6\ cm + 50\ cm = $ **56 cm**

Der Umfang beträgt **56 cm**.

**120** Wichtig: Wandle alle Angaben in die gleiche Einheit um.
$6 \cdot 1{,}2\ \text{m} = 6 \cdot 12\ \text{dm} =$ **72 dm** (Breite des Schwimmbeckens)

a) Breite mit Markierung: $72\ \text{dm} + 5\ \text{dm} + 5\ \text{dm} =$ **82 dm**
Länge mit Markierung: $25\ \text{m} + 0{,}50\ \text{m} + 0{,}50\ \text{m} =$ **26 m**
Umfang der Markierung: $u = 2 \cdot 82\ \text{dm} + 2 \cdot 26\ \text{m} = 164\ \text{dm} + 52\ \text{m}$
$= 164\ \text{dm} + 520\ \text{dm} = 684\ \text{dm} =$ **68,4 m**
Die Sicherheitsmarkierung ist insgesamt **68,4 m** lang.

b) Fläche innerhalb der Markierung:
$A = 82\ \text{dm} \cdot 26\ \text{m} = 82\ \text{dm} \cdot 260\ \text{dm} = 21\,320\ \text{dm}^2 =$ **213,2 m²**
Die Sicherheitsmarkierung schließt insgesamt eine Fläche von **213,2 m²** ein.

**121** a) ... eine Seitenlänge verdoppelt, und die andere gleich lässt: Der Flächeninhalt **verdoppelt sich**.

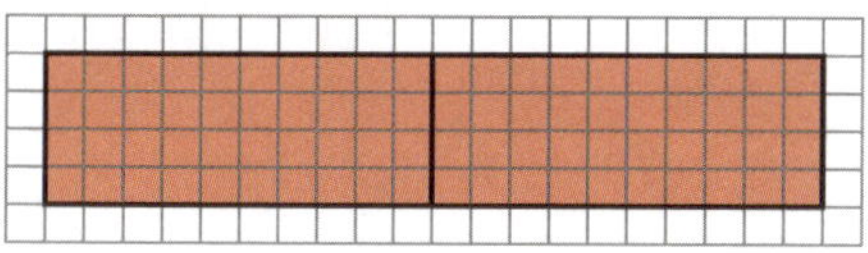

b) ... beide Seitenlängen halbiert: Der Flächeninhalt ist nur noch **ein Viertel** vom ursprünglichen Flächeninhalt.

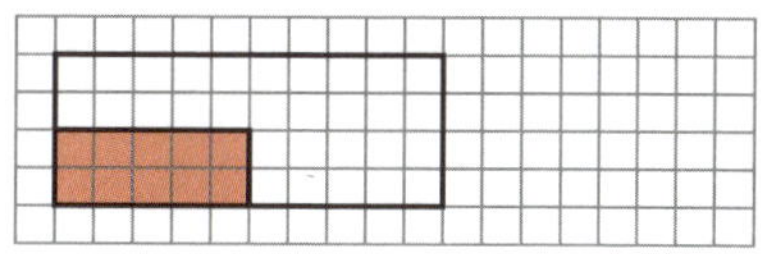

**122** Fläche der Terrasse: $9\ \text{m} \cdot 6\ \text{m} = 54\ \text{m}^2 = 5\,400\ \text{dm}^2$
Fläche einer Steinfliese: $30\ \text{cm} \cdot 30\ \text{cm} = 900\ \text{cm}^2 = 9\ \text{dm}^2$
Anzahl der benötigten Fliesen: $5\,400\ \text{dm}^2 : 9\ \text{dm}^2 = 600$
Preis für die Fliesen: $(600 : \mathbf{10}) \cdot 8\ € =$ **480 €** (**10** Fliesen kosten 8 €.)
Umfang der Terrasse: $9\ \text{m} + 2 \cdot 6\ \text{m} = 21\ \text{m}$
Anzahl der benötigten Steinblöcke: $21\ \text{m} : 50\ \text{cm} = 2\,100\ \text{cm} : 50\ \text{cm} = 42$
Preis für die Steinblöcke: $(42 : \mathbf{2}) \cdot 12\ € =$ **252 €** (**2** Steinblöcke kosten 12 €.)
$480\ € + 252\ € =$ **732 €**
Herr Bernhard muss **732 €** für seine Traumterrasse bezahlen.

**123** a) Der Umfang ist bei allen Rechtecken $20 \cdot 4\ \text{cm} = 80\ \text{cm}$.

b) Das Rechteck mit dem größten Flächeninhalt ist das **Quadrat**.
Es hat eine Seitenlänge von 5 Streichhölzern, also $5 \cdot 4\ \text{cm} = 20\ \text{cm}$.
Sein Flächeninhalt beträgt $20\ \text{cm} \cdot 20\ \text{cm} = 400\ \text{cm}^2 =$ **4 dm²**
Somit ist Tims Aussage **richtig**.

**124** **–4** °C **8** °C **2** °C **–6** °C

**125** a) Die kleinste, positive ganze Zahl? **1**
b) Die größte, negative ganze Zahl? **– 1**
c) Die größte ganze Zahl? **Gibt es nicht!**
d) Die kleinste ganze Zahl? **Gibt es nicht!**

**126**

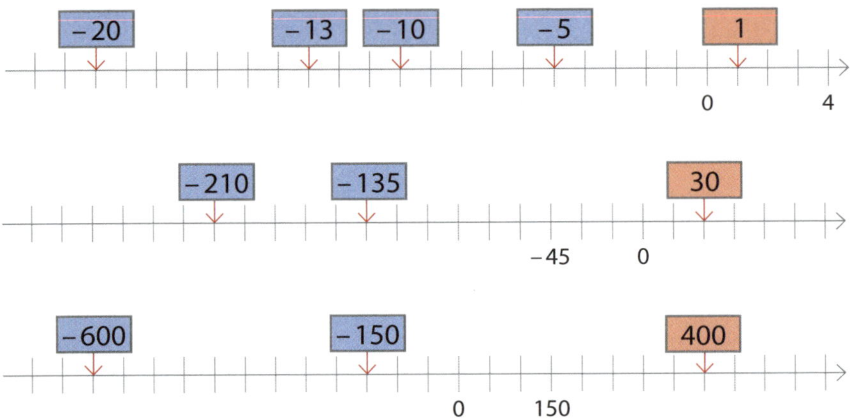


**127**

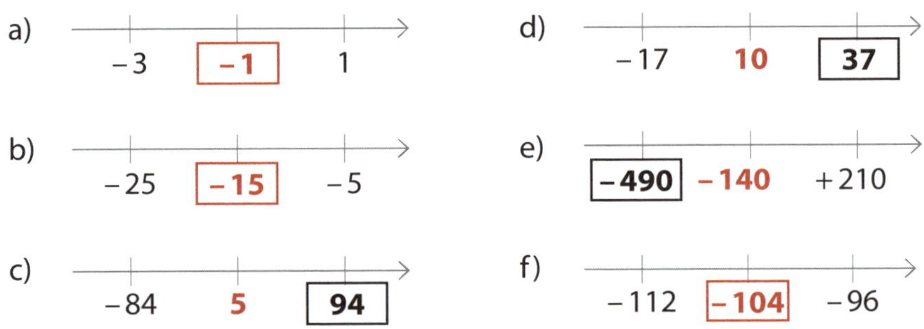


**128** a) um genau 2 Einheiten von der Zahl – 11 entfernt? **– 13**; **– 9**
b) um höchstens 2 Einheiten von der Zahl – 1 entfernt? **– 3**; **– 2**; **0**; **1**
c) von der Zahl – 25 um mindestens 20 Einheiten entfernt? **Alle ganzen Zahlen, die kleiner als – 44 oder größer als – 6 sind: … – 49**; **– 48**; **– 47**; **– 46**; **– 45**; **– 5**; **– 4**; **– 3**; **– 2 …**

**129** $-2 + x = 2 \longrightarrow x = 4$
Tim muss **4 Stockwerke nach oben** fahren.

**130** $x - 7 + 11 - 3 - 6 = 0 \longrightarrow x + 11 - (7 + 3 + 6) = 0$
$\longrightarrow x + 11 - 16 = 0 \longrightarrow x + 11 = 16 \longrightarrow x = \mathbf{5}$

**oder**: Rückwärtsstrategie:
Beginne am Ende (**Ausgang**) und rechne alle Fahrtwege in entgegengesetzter Richtung: aus Aufwärtsfahrten werden Abwärtsfahrten und umgekehrt, bzw. **aus + wird –** und **aus – wird +.**

$\mathbf{0} + 6 = 6$ $6 + 3 = 9$ $9 - 11 = -2$ $-2 + 7 = \mathbf{5}$

Leas Handy ist im **5. Stockwerk**.

**131** $|+3| = \mathbf{3}$ $|-19| = \mathbf{19}$ $|18| = \mathbf{18}$ $|-45| = \mathbf{45}$
$|-5| = \mathbf{5}$ $|0| = \mathbf{0}$ $|-18| = \mathbf{18}$ $|+2\,937| = \mathbf{2\,937}$

**132** a)

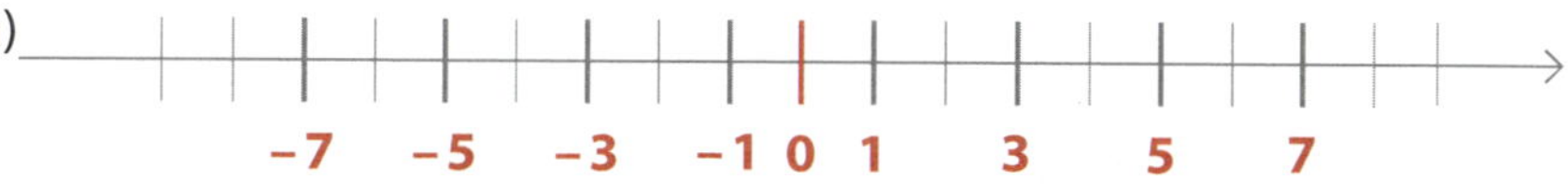


b) Genau in der Mitte zwischen einer Zahl und ihrer Gegenzahl liegt immer die **Zahl Null**.

**133** a) **Falsch**, denn die Gegenzahl der Zahl Null ist die Null selbst.

b) **Richtig**, denn nur die positiven ganzen Zahlen gehören zu den natürlichen Zahlen und somit sind alle ihre Gegenzahlen negativ.

c) **Richtig** laut Definition (siehe auch Aufgabe **132**)

d) **Richtig**, denn die Gegenzahl einer negativen Zahl ist die positive Zahl mit dem gleichen Betrag und davon die Gegenzahl ist wieder die negative Zahl mit dem gleichen Betrag.

**134**

| | |
|---|---|
| $-7 \; \boxed{>} \; -11$ | $\lvert-2\rvert \; \boxed{>} \; -1$ |
| $-5\,974 \; \boxed{<} \; -5\,967$ | $\lvert-14\rvert \; \boxed{<} \; +15$ |
| $\lvert58\rvert \; \boxed{<} \; \lvert-65\rvert$ | $27 \; \boxed{=} \; \lvert-27\rvert$ |

**135** a) $\mathbf{-13 < -2 < 0 < 2 < 5 < 54}$ b) $\mathbf{|0| < |-2| = |2| < |5| < |-13| < |54|}$

**136** a) –7 – (+8) = **–15**
b) (–8) + (+27) = **+19**
c) (+48) + (–36) = **12**
d) (–111) – (+45) = **–156**

**137** a) 8 und 5 → **3** b) –3 und –10 → **7** c) 12 und –8 → **20**

**138** a) (–38) – (**–38**) = 0 b) (**–15**) + (+12) = –3 c) (+26) – (**+52**) = –26

**139**

–1
0 | –1
+1 | –1 | 0
+3 | –2 | +1 | –1

–9
–8 | –1
0 | –8 | +7
+4 | –4 | –4 | +11

–29
–25 | –4
–17 | –8 | +4
+39 | –56 | +48 | –44

0
–7 | +7
–28 | +21 | –14
–84 | +56 | –35 | +21

**140** a) **Richtig**, da Zahl und Gegenzahl den gleichen Betrag, aber unterschiedliche Vorzeichen haben, z. B. –3 + 3 = 0.

b) **Falsch**, denn (+3) – (–3) = +6.

c) **Richtig**, denn man startet im Negativen, schaut nach rechts, aber geht rückwärts, also weiter in Richtung der kleineren negativen Zahlen, z. B. –3 + (–3) = –6 (siehe Merkkasten vor Aufgabe **136**).

d) **Falsch**, denn 5 + (–3) = 2.

e) **Falsch**, denn (+3) + (–4) = **–1** und (+3) – (–4) = **+7**; aber +7 > –1.

**141** a) (–5) + (–5) = –5 – 5 = **–10**
b) (–986) – (+256) = –986 – 256 = **–1 242**
c) (+45) – (–38) + (–27) = 45 + 38 – 27 = **56**

**142** a) 45 + 16 – 15 + 24 = 45 – 15 + (16 + 24) = 30 + 40 = **70**
**oder**: 45 + (16 – 15) + 24 = 45 + 1 + 24 = 46 + 24 = **70**

b) (74 – 45 + 90) – (– 18) – 8 = 74 – 45 + 90 + 18 – 8
= 74 + (90 – 45) + (18 – 8) = 74 + 45 + 10 = 74 + 55 = **129**

**143** a) Maximale Punktzahl: 10 + 10 + 10 = **30**
Minimale Punktzahl: – 2 + (– 2) + (– 2) = **– 6**

b) Leas Möglichkeiten:
**5 + 2 + (– 1)** = 6 **2 + 2 + 2** = 6 **10 + (– 2) + (– 2)** = 6

c) 2 (1. Wurf) + (– 1) (2. Wurf) + ☐ (3. Wurf) > 6 Leas Summe

2 + (– 1) + **10** > 6 11 > 6
Nur wenn er **10 Punkte** wirft, kann er Lea schlagen. (Wirft er nur 5 Punkte, hat er insgesamt 6 Punkte wie Lea und schlägt sie somit nicht.)

**144** a) [18 – (–18)] + 65 = 18 + 18 + 65 = **101**
b) [346 – (– 24)] – [38 + (– 38)] = [346 + 24] – [38 – 38] = **370**
c) x + (– 15) = 25 ⟶ x = **40**

**145** Geld in Leas Geldbeutel: 8,00 € } Gesamtausgaben:
Schulden bei Lena: 7,50 € } 8,00 € + 7,50 € = **15,50 €**
Kosten für die Getränke: 2,50 € + 2,50 € = **5,00 €**
Leas Kosten für die Bowlingbahn: 15,50 € – 5,00 € = **10,50 €**
Leas Beitrag zur Bowlingbahn betrug **10,50 €**.

**146**

| Urlaubstag | Mo | Di | Mi | Do | Fr | Sa |
|---|---|---|---|---|---|---|
| Temperatur in °C | 5 | – 3 | – 10 | 4 | 0 | – 8 |

(Mi → Do: **14 °C**; Do → Fr: **4 °C**)

a) max. Unterschied: **14 °C** (Mi ⟶ Do);
min. Unterschied: **4 °C** (Do ⟶ Fr)

b) max. Unterschied: **15 °C** (Von Montag bis Mittwoch fällt die Temperatur von +5 °C auf – 10 °C.)

c) Höhenunterschied von der Bergstation zur Messstation von Tim sind
**3** · 500 m = 1 500 m.
Die Temperatur **verringert** sich also um ca. 3 · 3 °C = **9 °C**.
Kälteste Temperatur: – 10 °C – 9 °C = **– 19 °C**

**147** a) Einnahmen im September: 50 € (≙ Gewinn)
4 · (– 50 €) = **– 200 €**
Im **April** wurde **200 € Verlust** gemacht.

b) April: – 200 €
Mai: + 400 €
– 200 € + ☐ = + 400 €
– 200 € + **600 €** = 400 €
Im **Mai** wurden **600 €** mehr eingenommen als im **April**.

c) 50 € + 100 € – 75 € + 100 € + 250 € – 125 € + 50 € – 200 € + 400 € + 75 € + 25 €
= (50 € + 100 € + 100 € + 250 € + 50 € + 400 € + 75 € + 25 €) – (75 € + 125 € + 200 €)
= 1 050 € – 400 € = **650 €**
Die Gesamteinnahmen betrugen **650 €**.

d) 100 · 8 € = 800 € ⟶ 800 € – 650 € = 150 €
150 € : 100 = **1,50 €**
Jeder Schüler muss noch **1,50 €** für die Abizeitung bezahlen.

**148** a) $(-8) \cdot (+5) = \mathbf{-40}$
b) $(-11) \cdot (-5) = \mathbf{55}$
c) $(-3 + 7) \cdot (+13) = \mathbf{52}$
d) $(-80) \cdot (-20) = \mathbf{1\,600}$
e) $(-6)^2 = \mathbf{36}$
f) $-6^2 = \mathbf{-36}$

**149** a) $(-2) \cdot (-8) \cdot (-3) = 16 \cdot (-3) = \mathbf{-48}$
b) $(-5) + [(+14) \cdot (-5)] \cdot (-20) = -5 + [-70] \cdot (-20) = -5 + 1\,400 = \mathbf{1\,395}$
c) $(+64) \cdot [(-13) - (-37) + (-3)^4 = 64 \cdot [-13 + 37] + 81$
$= 64 \cdot 24 + 81 = 1\,536 + 81 = \mathbf{1\,617}$
d) $-5^4 \cdot [(-23) \cdot (+4)] - (-3) = -625 \cdot [-92] + 3 = 57\,500 + 3 = \mathbf{57\,503}$

**150**

a) $(-435) \cdot (\mathbf{0}) = 0$

b) $(\mathbf{-4}) \cdot (+3) = -12$

c) $(-75) \cdot (\mathbf{-1}) = +75$

d) $(\mathbf{-3}) \cdot (-15) = 45$

e) $(-1)^8 \cdot (-5^2) \cdot (\mathbf{-2})^3 = 200$

f) $(-3)^2 \cdot (\mathbf{-9}) = -81$

g) $[(-5) \cdot (-5)]^0 \cdot (\mathbf{1}) = 1$

h) $(\mathbf{-3})^3 \cdot (-1) = 27$

**151**

| | | | |
|---|---|---|---|
| | − 320 | | |
| | − 8 | + 40 | |
| − 2 | + 4 | + 10 | |
| 1 | − 2 | − 2 | − 5 |

| | | | |
|---|---|---|---|
| | − 10 368 | | |
| | − 144 | + 72 | |
| − 12 | + 12 | + 6 | |
| + 2 | − 6 | − 2 | − 3 |

**152**

a) **Falsch**, da die Multiplikation mit (− 1) eine Zahl in ihre Gegenzahl verwandelt: $a \cdot (-1) = -a$; a und − a sind Gegenzahlen

b) **Richtig**, denn jede natürliche Zahl ist eine positive Zahl und das Produkt zweier positiver Zahlen ist wieder positiv

c) **Falsch**! Ist nämlich der zweite Faktor auch negativ, so ist das Produkt positiv.

d) **Falsch**, denn z. B. $(-1)^2 = (-1) \cdot (-1) = 1$ ist positiv.

e) **Falsch**, da z. B. $4 \cdot 0 = 0$ Dieses Produkt ist kleiner als der 1. Faktor. Somit gilt die Aussage nicht.

f) **Richtig**! Ist mindestens einer der Faktoren 0, so hat das Produkt den Wert 0.

**153**

a) Vorzeichen +:

$(+) \cdot (+) \cdot (+) \cdot (+) = (+)$

$(+) \cdot (+) \cdot (-) \cdot (-) = (+)$

$(-) \cdot (-) \cdot (-) \cdot (-) = (+)$

Wenn entweder **je zwei oder alle vier** Vorzeichen **gleich** sind, dann ist das Produkt **positiv**.

Vorzeichen −:

$(+) \cdot (+) \cdot (+) \cdot (-) = (-)$

$(-) \cdot (-) \cdot (-) \cdot (+) = (-)$

Für ein negatives Vorzeichen müssen drei Faktoren das gleiche und der vierte das entgegengesetzte Vorzeichen haben.

b) Beispiele für a: $(-1)^1 = -1 < 0$

$(-1)^2 = (-1) \cdot (-1) = 1 > 0$

$(-1)^3 = (-1) \cdot (-1) \cdot (-1) = -1 < 0$

$(-1)^4 = (-1) \cdot (-1) \cdot (-1) \cdot (-1) = 1 > 0$

Ist der Exponent **gerade**, so kann man das Produkt in Teilprodukte $(-1) \cdot (-1) = +1$ zerlegen. Das **Gesamtprodukt** ist damit auch **positiv**. Ist der Exponent **ungerade**, so bleibt ein Faktor $\cdot (-1)$ übrig, so dass das **Gesamtprodukt negativ** ist.

**154** a) $(-80) \cdot (-90) = \mathbf{7\,200}$

b) $5 \cdot (-90) = \mathbf{-450}$

c) $(-80) \cdot (-90) \cdot 5 = \mathbf{36\,000}$

**155** a) $(-8) : (+8) = \mathbf{-1}$

b) $(-21) : (-7) = \mathbf{3}$

c) $(-0) : (+1\,024) = \mathbf{0}$

d) **Division durch 0 geht nicht!**

e) $(4\,800) : [(-40) \cdot (-3)] = \mathbf{40}$

f) $(-256) : [(-2)^4] = \mathbf{-16}$

**156** a) Überschlag: $(-300) : [(-80) : (-20)] = (-300) : 4 = \mathbf{-75}$

Exakt: $(-275) : [5] = \mathbf{-55}$

b) Überschlag: $13 \cdot [240 \cdot (-40)] = 13 \cdot (-9\,600) \approx 10 \cdot (-10\,000) = \mathbf{-100\,000}$

Exakt: $13 \cdot [-8\,330] = \mathbf{-108\,290}$

**157** a) $[(-38) \cdot (38)] \cdot [(-75) : 5] = [-1\,444] \cdot (-15) = \mathbf{21\,660}$

b) $(128 : 16) + [225 : [(+3) \cdot (-5)]] = 8 + [225 : (-15)] = 8 - 15 = \mathbf{-7}$

**158** $[8 + (-2) + (-6) + 5 + (-4) + (-8) + 0] : 7 = \mathbf{-1}$

Die durchschnittliche Temperatur beträgt **– 1 °C**.

**159** a) $\{-14 + 125 - 3 \cdot [54 + (-37)]\} : 4 - (-37 + 45)$

$= \{-14 + 125 - 3 \cdot [54 - 37]\} : 4 - 8 = \{111 - 3 \cdot 17\} : 4 - 8$

$= \{111 - 51\} : 4 - 8 = 60 : 4 - 8 = 15 - 8 = \mathbf{7}$

b) $5 \cdot [2 - (845 - 943) + 25] + (598 - 1\,756)$

$= 5 \cdot [2 - (-98) + 25] + (-1\,158) = 5 \cdot [2 + 98 + 25] - 1\,158$

$= 5 \cdot 125 - 1\,158 = 625 - 1\,158 = \mathbf{-533}$

**160** a) $13 \cdot [(125 - 25 + 178) - (230 + 48)] = 13 \cdot [278 - 278] = 13 \cdot 0 = \mathbf{0}$

b) $[(-56 + 20) : (-6)]^2 = [(-36) : (-6)]^2 = 6^2 = \mathbf{36}$

**161** a) $\mathbf{845 + (895 - 451) \cdot (48 + 52)}$

b) $\mathbf{(456 + 846) : (56\,498 - 56\,064)}$

c) $\mathbf{(38 + 7) \cdot [(874 - 979) : (23 + 12)]}$

**162** a) Dividiere die Summe aus 54 712 und 6 888 durch die Differenz aus 843 und 1 459.

b) Addiere zur Zahl 541 das Dreifache der Differenz aus 846 und 6 841.

c) Addiere zur Zahl 5 584 den Quotienten aus 5 484 und der Differenz aus 5 484 und 5 485.

**163** a) $72 : (12 - 3) + 45 = 53$

b) $72 : 12 - (3 + 45) = -42$

**164** a) $-1,\ -3,\ -5,\ -7,\ -9,\ -11,\ \mathbf{-13},\ \mathbf{-15}$ — Vorschrift: **−2** →

b) $-5,\ +25,\ -125,\ \mathbf{+625},\ \mathbf{-3\,125}$ — Vorschrift: **· (−5)** →

c) $496,\ 248,\ 124,\ \mathbf{62},\ \mathbf{31}$ — Vorschrift: **: 2** →

d) $5,\ 1,\ 3,\ -1,\ 1,\ \mathbf{-3},\ \mathbf{-1}$ — Vorschrift: erst **−4**, dann **+2** →

e) $+3,\ -6,\ -4,\ +8,\ +10,\ -20,\ -18\ \mathbf{+36},\ \mathbf{+38}$

Vorschrift: erst **· (−2)**, dann **+2** →

**165** Kosten für den Aufenthalt: 1 876 € + 4 · 320 € = **3 156 €**

Sophias Geld für Norwegen insgesamt: 2 044 € + 600 € = **2 644 €**

Differenz, die sie erabeiten muss: 3 156 € − 2 644 € = **512 €**

Gesamte Arbeitsstunden:

4 (Wochen) · 4 (Arbeitstage pro Woche) · 8 (Arbeitsstunden am Tag)
= **128 Stunden**

Stundenlohn: 512 € : 128 h = **4 €/h**

Der Stundenlohn muss mindestens **4 € pro Stunde** betragen.

**166** a) Temperaturunterschied, der erreicht werden muss:
22 °C – (– 18 °C) = 22 °C + 18 °C = **40 °C**
40 °C : 5 h = **8 °C/h**
Die durchschnittliche Zunahme beträgt **8 °C pro Stunde**.

b) In den ersten **4 Stunden** nimmt die Temperatur um 4 · 6 °C = 24 °C ab. Sie beträgt dann 22 °C – 24 °C = – 2 °C.
Es bleibt ein Temperaturunterschied von 16 °C. Bei einer Abkühlung von 4 °C/h dauert der Vorgang noch 16 °C : 4 °C/h = **4 Stunden**.
Gesamt dauert der Vorgang also 4 h + 4 h = **8 h**.

**167** a) Ausgaben: 35 € + 45 € + 30 € = **110 €**
Beachte die Weintrauben: 500 g ⟶ kosten 3,80 €
1 kg ⟶ kostet 7,60 €
10 kg ⟶ kosten 76,00 €
maximale Einnahmen: 30 · 2,55 € + 10 · 7,60 € + 25 · 2,75 €
= 76,50 € + 76,00 € + 68,75 € = **221,25 €**
Gewinn: 221,25 € – 110 € = **111,25 €**
Er hätte maximal einen **Gewinn von 111,25 €** machen können.

b) Verkauf Weintrauben: 10 · 7,60 € = 76,00 €
Verlust: 10,45 € = 110 € – 76,00 € – x ⟶ x = **23,55 €**
Er hat durch den Verkauf der Äpfel und Pflaumen **23,55 €** eingenommen.

Er hat doppelt so viele Äpfel wie Pflaumen verkauft:
p = verkaufte Pflaumen in kg;
a = 2 · p = verkaufte Äpfel in kg
⟶ p · 2,75 € + 2 p · 2,55 € = 23,55 €
⟶ p · (2,75 € + 2 · 2,55 €) = 23,55 €
⟶ p · 7,85 € = 23,55 €
⟶ p = 23,55 € : 7,85 € = **3**
Xaver hat also 3 kg Pflaumen und 2 · 3 = 6 kg Äpfel verkauft.
25 kg – 3 kg = **22 kg**
Es sind also noch **22 kg Pflaumen** übrig.

## Rechnen mit Größen

Größen werden immer mit Hilfe einer **Maßzahl** und einer **Maßeinheit** angegeben:

**150 Gramm**

**Maßzahl** → 150 | **Maßeinheit** → Gramm

Beim Rechnen mit Größen ist es sinnvoll, zunächst alle Angaben in die gleiche Maßeinheit umzuwandeln.

## Geld

In den meisten Ländern der europäischen Union sind Euro (€) und Cent (ct) die Geldwerteinheiten. Für das Umrechnen von **Geld**beträgen ist der **Umrechnungsfaktor 100**:

1 € = 100 ct ⟷ 1 ct = 0,01 €

Häufig werden Geldbeträge in der **Kommaschreibweise** angegeben.

1,58 € = 1 € 58 ct = 158 ct
0,06 € = 0 € 6 ct = 6 ct

**84** Berechne und gib das Ergebnis in € an. Verwende die Kommaschreibweise.

a) 35 € 2 ct + 84 ct + 4 € – 3 € 7 ct = ______

b) 3,60 € + 4 · 20 ct – 2 · 25 ct + 3,58 € = ______

c) 6,25 € – 3 · 0,75 € = ______

d) 8,99 € + 1,50 € : 3 = ______

**85** Für ihre Geburtstagsfeier kauft Lea Süßigkeiten ein. Sie kauft 3 Tüten Himbeerbonbons zu je 1,25 €, vier Tüten saure Schlangen zu je 2,10 € und drei Tüten saure Pommes zu je 75 ct. Sie bezahlt mit einem 20-€-Schein.

▶ Wie viel Geld erhält Lea zurück?

**86** Tim möchte sich ein Fahrrad kaufen. Auf seinem Sparbuch liegen 345 €. Von seinen Eltern bekommt er zum Geburtstag 50 €. Seine Oma leiht ihm den Rest. Er zahlt ihr 9 Monate 5 € zurück.

▶ Wie viel kostet das Wunschrad?

**87** Leas Eltern haben sich für 860,90 € einen neuen Kühlschrank gekauft. 140,90 € zahlen sie gleich an. Für den Restbetrag wollen sie sich zwischen den folgenden Möglichkeiten entscheiden:

a) Den Rest wollen sie in 10 Monaten zurückzahlen. Wie hoch ist eine Monatsrate?

b) Im Monat wollen sie eine Rate von 90 € bezahlen. Wie viele Monate müssen sie diese Rate bezahlen?

**Gewinn und Verlust**

Ein Verkäufer muss seine Ware nicht nur für einen Einkaufspreis bezahlen, sondern sie auch anliefern lassen, verpacken und lagern. All diese Kosten ergeben zusammen die **Selbstkosten** (SK) für den Verkäufer. Der Verkäufer setzt dann einen **Verkaufspreis** (VK) für seine Ware fest. Die Differenz aus SK und VK gibt den **Gewinn (VK > SK)** bzw. den **Verlust (VK < SK)** für den Verkäufer an .

**88** Ein Bäcker backt für den nächsten Tag 50 Semmeln. Pro Semmel rechnet er mit 5 ct Selbstkosten. Der Verkaufspreis liegt bei 0,35 €. Er kann am nächsten Tag 45 Semmeln verkaufen. Die restlichen verkauft er alle am darauffolgenden Tag für einen reduzierten Preis von 0,15 €.

▶ Berechne den Gewinn des Bäckers.

**89** Leas Klasse verkauft beim Schulfest 50 Gläschen selbstgemachte Marmelade. Ein leeres Gläschen kostet die Klasse 50 ct. Für alle Zutaten gibt die Klasse 17,50 € aus.

a) Wie teuer müssen sie ein Gläschen mindestens verkaufen, wenn sie durch den Verkauf aller gefüllten Gläschen mindestens 60 € Gewinn machen möchten?

b) Wie viel müssen sie für ein Gläschen mindestens verlangen, wenn sie durch den Verkauf aller Gläschen keinen Verlust machen wollen?

**90** Lea und Tim haben ihre alten Spielsachen auf dem Flohmarkt verkauft. Den Gewinn von 68 € wollen sie sich teilen.

a) Wie viel bekommt jeder, wenn sie den Gewinn gerecht aufteilen?

b) Lea ist der Meinung, dass sie mehr Spielsachen zur Verfügung gestellt hat. Sie möchte den Gewinn im Verhältnis 3:1 teilen, das bedeutet, dass Lea das Dreifache von Tim bekommt. Wie viel bekommt nun jeder?

## Masse

Für das Umrechnen von **Massen** ist der **Umrechnungsfaktor 1000**:

| | | | | |
|---|---|---|---|---|
| 1 t (Tonne) = | 1 000 kg | ⟷ | 1 kg | = 0,001 t |
| 1 kg (Kilogramm) = | 1 000 g | ⟷ | 1 g | = 0,001 kg |
| 1 g (Gramm) = | 1 000 mg (Milligramm) | ⟷ | 1 mg | = 0,001 g |

**91** Gib die Maßzahl jeweils in der angegebenen Einheit an.
2,050 kg = **2 kg 50 g** = **2050 g** = **2 050 000 mg** = **0,002050 t**

2 t = ______________ kg    2 kg 88 g = ______________ g

8 710 g = ______________ kg    2,67 g = ______________ mg

459,34 kg = ______________ g    4 kg 487 g = ______________ mg

37 kg = ______________ mg    263 kg = ______________ t

**92** Berechne und gib das Ergebnis in kg an. Rechne auf dem Block.

a) 5 kg + 350 g – 77 g + 0,5 t = ________________ kg

b) 4 · 9,8 g + 555 mg – 0,45 kg + 1,5 kg : 3 = ________________ kg

c) 0,6 kg : 12 = ________________ kg

d) (867 mg + 0,023 g) · 11 – 2,1 g = ________________ kg

**93** Lea hat 0,8 kg von ihrem Lieblingsmüsli gekauft. Nachmittags isst sie 25 g als Zwischenmahlzeit. Morgens isst sie die dreifache Menge.

a) Wie viele Tage reicht das Müsli?

b) Wie viel Kilogramm Müsli muss sie einkaufen, wenn es einen Monat halten soll? (Rechne für einen Monat mit 30 Tagen.)

**94** Lea und Tim wollen für das Schulsommerfest Erdbeermarmelade kochen. Jeder von den beiden hat auf dem Erdbeerfeld 1,5 kg Erdbeeren gesammelt. Für ein kleines Glas (Gesamtmenge 50 g) benötigen sie 30 g Erdbeeren und für ein großes Glas (Gesamtmenge 100 g) 60 g Erdbeeren.

a) Für wie viele Gläser reichen die Erdbeeren, wenn Lea und Tim dreimal so viele kleine Gläser wie große Gläser herstellen wollen?

b) Wie viel können die beiden maximal einnehmen, wenn sie pro 10 g Marmelade einen Verkaufspreis von 25 ct planen?

**95** Das Schiff Lucky der Firma Expresso wird mit insgesamt 94,5 t beladen. Die transportierte Ware wird in Containern auf das Schiff gebracht. Ein leerer Container wiegt 2,5 t. Die Hälfte der Container wird mit 250 kg beladen. Die restlichen werden mit 1,05 t beladen.

▶ Wie viele Container befinden sich auf dem Schiff?

Tipp: Berechne zunächst, wie viel zwei verschieden beladene Container zusammen wiegen.

## Zeit

Für das Umrechnen von Zeitdauern gibt es **keinen einheitlichen Umrechnungsfaktor**:

1 d (Tag) = 24 h   1 h (Stunde) = 60 min   1 min (Minute) = 60 s (Sekunde)

3 786 s = 1 h 186 s = 1 h 3 min 6 s

**96** Wandle um. Achte auf die angegebenen Einheiten.

| | |
|---|---|
| 120 min = ______ h | 7 200 s = ______ h |
| 2,5 h = ______ min | 1,5 h = ______ s |
| 30 min = ______ h | 3 d 15 h = ______ h |
| 578 min = ____ h ____ min | 4,25 h = ____ h ____ min |

**97** Tim darf ins Landschulheim fahren. Der Bus fährt am Montag nach dem Unterricht um 13:10 Uhr an der Schule los und liefert alle Kinder am Donnerstag um 11:35 Uhr wieder an der Schule ab.

a) Wie lange war Tim unterwegs (Abfahrt an der Schule bis Rückkehr zur Schule)? Gib das Ergebnis in gemischter Schreibweise (d, h, min) an.

b) Wie viele Stunden und Minuten war Tim insgesamt von zu Hause weg, wenn er in der Früh immer um 7:15 Uhr das Haus verlässt und für seinen Heimweg von der Schule 25 min benötigt?

**98** Lea und Tim fliegen mit ihren Eltern in den Ferien nach Rio de Janeiro in Brasilien. Die Zeitverschiebung zwischen München und Rio beträgt 5 h, das heißt, wenn es in München 13:00 Uhr ist, dann ist es in Rio erst 8:00 Uhr morgens. Leas und Tims Maschine startet am Freitag in München um 18:00 Uhr Ortszeit und fliegt nach einem Aufenthalt von 3 h 10 min in Frankfurt weiter nach Rio. Dort landet das Flugzeug um 4:55 Uhr Ortszeit am Samstag.

▶ Wie lange ist die reine Flugzeit von München nach Rio de Janeiro?

**99** Ergänze die beiden Fahrpläne:

| Abfahrt München | Fahrt-dauer → | Ankunft Nürnberg | Abfahrt Nürnberg | Fahrt-dauer → | Ankunft Leipzig | Abfahrt Leipzig | Fahrt-dauer → | Ankunft Berlin |
|---|---|---|---|---|---|---|---|---|
| 11:47 | | 12:57 | 13:06 | 3 h 43 min | | 16:51 | | 18:05 |

| Abfahrt Würzburg | Fahrt-dauer → | Ankunft Fulda | Abfahrt Fulda | Fahrt-dauer → | Ankunft Celle | Abfahrt Celle | Fahrt-dauer → | Ankunft Hamburg |
|---|---|---|---|---|---|---|---|---|
| | 48 min | 16:17 | 16:18 | | 18:11 | 18:12 | 1 h 34 min | |

**100** Lea geht am Wochenende wandern und liest am Parkplatz folgendes Schild:

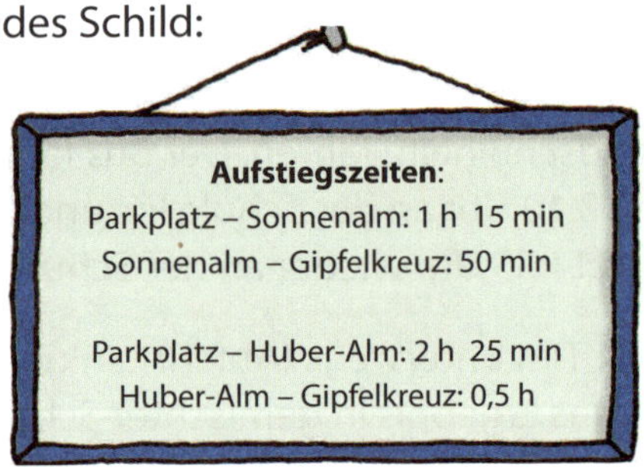


Sie plant vom Parkplatz aus über die Sonnenalm zum Gipfel aufzusteigen und den Rückweg über die Huber-Alm zurück zum Parkplatz zu nehmen. Um 12:30 Uhr möchte sie ihren Bruder Tim auf der Huber-Alm zum Mittagessen treffen.

a) Wann muss sie spätestens losgehen, wenn sie auf dem Weg bis zur Huber-Alm insgesamt 45 min Pause macht und sie für den Weg vom Gipfel bis zur Alm die Aufstiegszeit rechnet?

b) Um wie viel Uhr ist Lea wieder zurück am Parkplatz, wenn man für den Abstieg von der Huber-Alm bis zum Parkplatz insgesamt 15 min von der angegebenen Aufstiegszeit abziehen kann und sie mit Tim 2 h auf der Huber-Alm verbringt?

# Längen

Für das Umrechnen von **Längen** ist der **Umrechnungsfaktor 10** mit einer Ausnahme:

| | | | | |
|---|---|---|---|---|
| 1 km (Kilometer) | = **1 000** m | ⟷ | 1 m | = 0,001 km |
| 1 m (Meter) | = 10 dm | ⟷ | 1 dm | = 0,1 m |
| 1 dm (Dezimeter) | = 10 cm | ⟷ | 1 cm | = 0,1 dm |
| 1 cm (Zentimeter) | = 10 mm (Millimeter) | ⟷ | 1 mm | = 0,1 cm |

**101** Um Längen umzurechnen, kann man eine Einheitentabelle verwenden. Trage folgende Längen hier ein.

Tipp: Trage die Längen immer von hinten nach vorne ein.

a) 1 384 cm c) 58 434 mm e) 489 dm g) 25 km 29 4722 cm

b) 8,064 m d) 3 954 dm f) 50 036 mm h) 845 km 869 m 5 978 dm

| | km | | | m | | | dm | cm | mm | in der größten |
|---|---|---|---|---|---|---|---|---|---|---|
| | H | Z | E | H | Z | E | | | | vorkommenden Einheit |
| a) | | | | | 1 | 3 | 8 | 4 | | = 13,84 m |
| b) | | | | | | | | | | = |
| c) | | | | | | | | | | = |
| d) | | | | | | | | | | = |
| e) | | | | | | | | | | = |
| f) | | | | | | | | | | = |
| g) | | | | | | | | | | = |
| h) | | | | | | | | | | = |

**102** Achtung, Fehler. Kontrolliere und verbessere falsche Aufgaben auf der rechten Seite des „="-Zeichens. Überlege, was falsch gemacht wurde.

a) 2 m 30 cm = 230 cm

b) 5,506 km = 556 m

c) 2 dm 37 cm = 237 cm

d) 9,5 km = 9 km 50 m

e) 0,5 m = 50 dm

f) 3 km 30 m 3 cm = 303 003 cm

**103** Lea ist beim Wandern. Sie startet an der Isarbrücke in Bad Tölz auf 645 m und legt in den ersten 30 min 64 Höhenmeter auf den Kavalerieberg zurück. Anschließend muss sie die eben aufgestiegenen Höhenmeter wieder steil bergab gehen, bis sie wieder auf Höhe der Isarbrücke landet. Nun geht es gemächlich bergauf bis zum 748 m hoch gelegenen Wackersberg, auf dessen Gipfel sie eine kleine Brotzeit macht. Anschließend geht sie auf direktem Weg, also ohne den Abstecher auf den Kavalerieberg, wieder zurück zu ihrem Ausgangspunkt.

> **Höhenmeter** geben den Unterschied zwischen der Höhe des Endpunkts und des Startpunkts an.

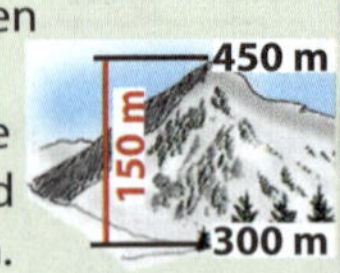


▶ Wie viele Höhenmeter ist Lea insgesamt aufgestiegen? (Gesamtterm.)

**104** Herr Schreiner möchte einen neuen Zaun für den Garten bauen. Der Garten ist rechteckig und schließt an einer langen Seite direkt an die Hauswand an (siehe Skizze).

Er schlägt zuerst in allen vier Ecken einen 1,2 m hohen Pfosten in den Boden und dann alle 80 cm wieder einen. An den Posten befestigt er waagrecht in 60 cm und in 1,1 m Höhe jeweils 10 cm breite Bretter.

a) Wie viele Pfosten braucht Herr Schreiner insgesamt?

b) Wie viele 10 cm breite Bretter der Länge 80 cm muss Herr Schreiner kaufen?

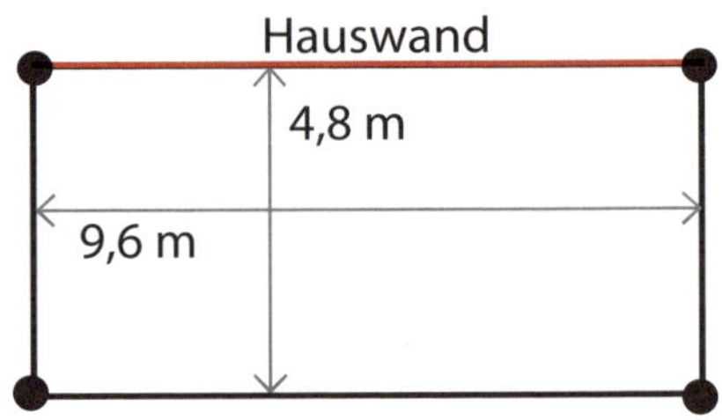


**105** Tim möchte sein Zimmer neu tapezieren. Die Tapete gibt es im Baumarkt in Rollen, die 60 cm breit und 20 m lang sind. Er möchte grob kalkulieren, wie viele Rollen Tapete er kaufen muss. Dafür misst er sein Zimmer aus: Es ist 2,4 m hoch, 3,6 m breit und 5,4 m lang. Die Decke lässt er weiß und für seine Abschätzung beachtet er die Tür und das Fenster im Zimmer einfach nicht.

▶ Wie viele Rollen Tapete benötigt er mindestens?

**106** Lea hat herausgefunden, dass man ein DIN-A4-Blatt Papier gerade siebenmal in der Mitte falten kann, dann wird es zu klein.

a) Wie dick ist das gefaltete Blatt, wenn ein Blatt Papier genau 0,1 mm dick ist?

b) Wie oft müsste Lea ein Blatt Papier falten, damit es mindestens 1 km dick wird?
Natürlich müsste das Blatt sehr groß sein ...

Tipp: Verwende zum Knobeln einen Taschenrechner.

## Maßstab

Landkarten, Baupläne etc. stellen die Wirklichkeit verkleinert dar. Kleine Objekte wie z. B. Insekten werden durch ein Mikroskop vergrößert dargestellt. Der **Maßstab** gibt dabei das Verhältnis von der Größe im Bild zur Größe in der Wirklichkeit an:
**Maßstab = Kartenstrecke oder Bild : Naturstrecke**

Leas Wanderkarte steht im Maßstab 1: 25 000 (sprich: eins zu fünfundzwanzigtausend). Sie misst auf der Karte eine Streckenlänge von 5 cm ab. In Wirklichkeit entspricht dies einer Länge von 5 · 25 000 cm = 125 000 cm = 1 250 m = 1,250 km.

Tim hat mit dem Mikroskop eine Raupe vergrößert. Auf seinem Bild ist die Raupe 10 cm lang. In Wirklichkeit ist die Raupe 2 cm lang.
Der Maßstab ist 10 cm : 2 cm = 10 : 2 = 5 : 1 (sprich: fünf zu eins).

**107** Im Biologieunterricht haben Lea und Tim Insekten mit dem Mikroskop beobachtet. Lea hat das Mikroskop auf die Vergrößerung 8 : 1 eingestellt, um die Größe einer Ameise zu bestimmen.

a) Unter dem Mikroskop ist die Ameise 4,8 cm lang. Wie lang ist sie in Wirklichkeit?

b) Tim hat die Länge einer Fliege bestimmt. Unter dem Mikroskop erscheint sie 3,2 cm lang. In Wirklichkeit ist sie 8 mm lang. Bestimme den Maßstab des Mikroskops.

**108** Ergänze die Tabelle.

| Karte | | Stadtplan | Fahrradkarte | Wanderkarte |
|---|---|---|---|---|
| Maßstab | | 1 : 10 000 | 1 : 50 000 | |
| Länge der Strecke auf der Karte | | 8,4 cm | | 28 cm |
| Länge der Strecke in Wirklichkeit | in cm | | | |
| | in m | | | 5 600 |
| | in km | | 68,5 | |

**109** a) Der Fernsehturm in Berlin ist in Wirklichkeit 368 m hoch.
In welchem Maßstab ist er hier auf dem Foto dargestellt?

b) Wie hoch muss der Berliner Fernsehturm gezeichnet werden, wenn er im Maßstab 1 : 4 000 dargestellt werden soll?

**110** Das ist zur Zeit das höchste Gebäude der Welt: Das Burj Khalifa in Dubai.
Das Foto zeigt das Gebäude im Maßstab 1:13 800.
Wie groß ist es in Wirklichkeit? Miss dazu die rote Linie im Bild nach.

**111** Die abgebildeten Modellautos sind in verschiedenen Maßstäben dargestellt.

a) Ordne die folgenden Maßstäbe richtig zu. Begründe deine Wahl.
1 : 311, 1 : 121 , 1 : 198

b) Im Maßstab 1 : 87 ist das Modell 5 cm lang.
Berechne damit die Länge des Autos in der Originalgröße (Wirklichkeit).

c) Wie lang wäre ein Modellauto im Maßstab 1 : 15?

d) Tim hat sich ein solches Modellauto mit 18 cm Länge gekauft.
Gib den dazu passenden Maßstab an (gerundet).

**112** Baupläne werden z. B. im Maßstab 1 : 100 gezeichnet. Warum ist jede Null im Plan entscheidend? Wird das Haus größer, wenn eine Null vergessen oder hinzugefügt wird?

# Flächen- und Umfangsberechnungen

Man kann den Flächeninhalt zweier Figuren miteinander vergleichen, wenn man beide Figuren mit gleich großen Quadraten (oder auch Dreiecken) auslegt.

Beide Figuren enthalten 18 gleiche kleine Quadrate. Sie besitzen also beide den Flächeninhalt **18 Quadrate**.

**Maßzahl** **Einheit**

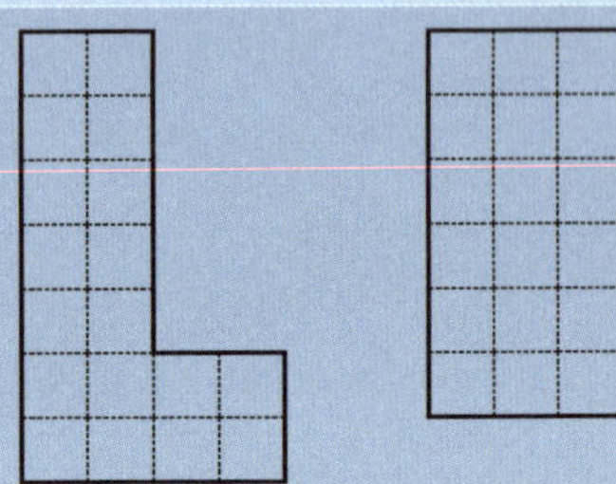

**113** a) Bestimme jeweils den Flächeninhalt der Figuren in Quadraten.

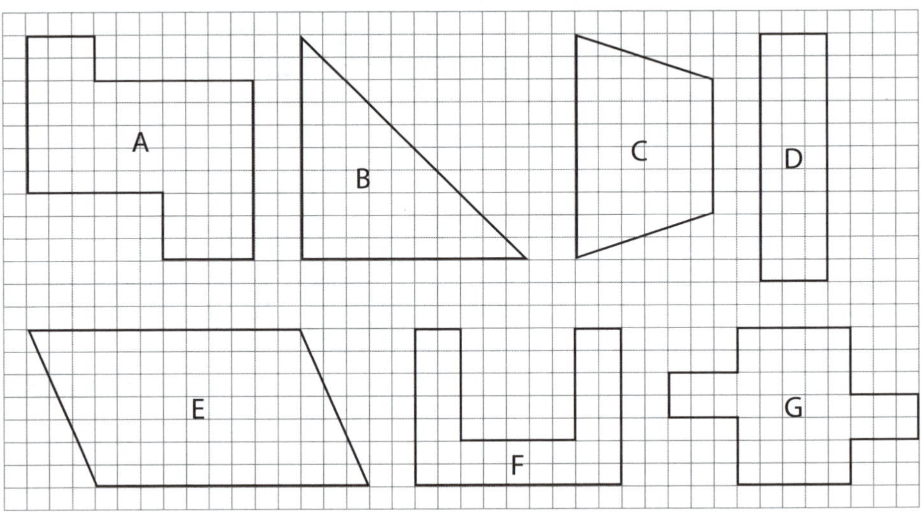


A = ______ Quadrate D = ______ Quadrate G = ______ Quadrate

B = ______ Quadrate E = ______ Quadrate

C = ______ Quadrate F = ______ Quadrate

b) Ordne die Flächen der Größe nach.

______ < ______ < ______ < ______ < ______ < ______ < ______

**Übersicht über die Flächeneinheiten:**

Zum eindeutigen Bestimmen von Flächeninhalten verwendet man fest vorgegebene Flächeneinheiten. Als Maßeinheit benutzt man Quadrate, deren Seiten 1 mm, 1 cm, 1 dm usw. lang sind.

| **Hat ein Quadrat die Seitenlänge** | **so heißt sein Flächeninhalt:** |
|---|---|
| 1 mm, | 1 $mm^2$ (ein Quadratmillimeter). |
| 1 cm, | 1 $cm^2$ (ein Quadratzentimeter). |
| 1 dm, | 1 $dm^2$ (ein Quadratdezimeter). |
| 1 m, | 1 $m^2$ (ein Quadratmeter). |
| 10 m, | 1 a (ein Ar). |
| 100 m, | 1 ha (ein Hektar). |
| 1 km, | 1 $km^2$ (ein Quadratkilometer). |

**114** Bestimme den Flächeninhalt der Figuren in Quadraten, $cm^2$ und $mm^2$.

Tipp: Überlege dir, wie du die Figuren zerschneiden und neu zusammenfügen kannst, so dass du die Fläche leichter bestimmen kannst.

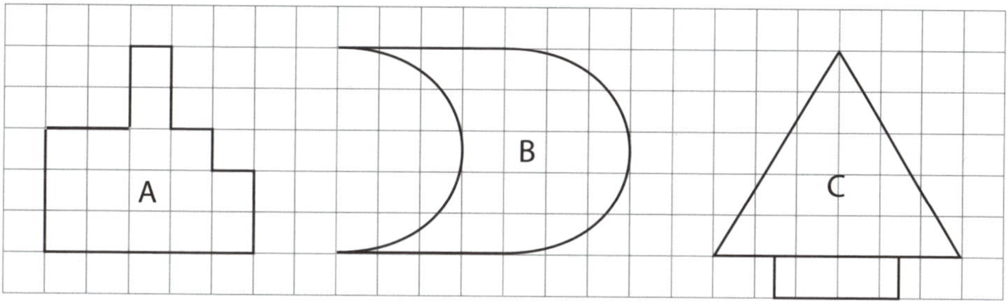


a) A = ______ Quadrate   B = ______ Quadrate   C = ______ Quadrate

b) Überlege: Wie viele Quadrate passen in 1 $cm^2$? _____ Quadrate = 1 $cm^2$

A = ______ $cm^2$   B = ______ $cm^2$   C = ________ $cm^2$

c) Überlege: Wie viele $mm^2$ passen in 1 $cm^2$? 1 $cm^2$ = ______ $mm^2$

A = ______ $mm^2$   B = _______ $mm^2$   C = _______ $mm^2$

Für das Umrechnen von **Flächenmaßen** ist der **Umrechnungsfaktor 100**:
Tipp: Die **Hochzahl** (Exponent) bei der Einheit gibt die **Anzahl der Nullen** beim Umrechnungsfaktor an.

| | | |
|---|---|---|
| $1\ km^2 = 100\ ha$ | $\longleftrightarrow$ | $1\ ha = 0{,}01\ km^2$ |
| $1\ ha = 100\ a$ | $\longleftrightarrow$ | $1\ a = 0{,}01\ ha$ |
| $1\ a = 100\ m^2$ | $\longleftrightarrow$ | $1\ m^2 = 0{,}01\ a$ |
| $1\ m^2 = 100\ dm^2$ | $\longleftrightarrow$ | $1\ dm^2 = 0{,}01\ m^2$ |
| $1\ dm^2 = 100\ cm^2$ | $\longleftrightarrow$ | $1\ cm^2 = 0{,}01\ dm^2$ |
| $1\ cm^2 = 100\ mm^2$ | $\longleftrightarrow$ | $1\ mm^2 = 0{,}01\ cm^2$ |

**115** Gib den Flächeninhalt jeweils in der nächstgrößeren Einheit an.

Tipp: Nutze eine Einheitentabelle, wenn du Probleme hast.

a) $8\ dm^2 =$ ____________________

b) $400\ a =$ ____________________

c) $8\,452\ cm^2 =$ ____________________

d) $160\ mm^2 =$ ____________________

e) $0{,}5\ ha =$ ____________________

f) $59{,}09\ m^2 =$ ____________________

g) $7{,}65\ ha =$ ____________________

h) $48\,000\ dm^2 =$ ____________________

**116** Lea hat einige Fehler bei ihren Hausaufgaben gemacht.
Finde die Fehler und korrigiere immer die linke Seite.

a) $5\ cm^2 = 0{,}05\ m^2$

b) $900\ mm^2 = 90\ cm^2$

c) $87\ a\ \ 87\ m^2 = 8\,787\ m^2$

d) $500\ m = 5\ km$

e) $24\ ha = 2\ ha\ \ 4\ a$

f) $70\,000\ m^2 = 700\ ha$

**117** Eine Platte aus Blech, die man gerne als Dach für Gartenhäuser verwendet, hat die Form eines Quadrates mit 1 m Seitenlänge.

▸ Wie schwer ist eine solche Platte, wenn $1\ dm^2$ des Blechs 18 g wiegt?

**118** Der Onkel von Lea und Tim kauft sich ein Grundstück (5 a), das noch nicht als Baugrund freigegeben ist. Deshalb ist es auch noch nicht so teuer: Der Quadratmeter kostet gerade mal 185 €.

a) Wie viel muss der Onkel für das Grundstück bezahlen?

b) Nach dem Kauf des Grundstücks entscheidet sich Onkel Tom dazu, auf seinem neuen Grundstück Blumen anzupflanzen. Er möchte auf der einen Hälfte Sonnenblumen, auf der anderen Hälfte Tulpen pflanzen. Im Gartencenter kauft er das Saatgut: Ein Sack Sonnenblumensamen kostet 3,45 €, ein Sack Tulpenzwiebeln 5,25 €. Beide Säcke reichen jeweils für 1 $m^2$. Außerdem muss Onkel Tom noch Gartengeräte und Material für insgesamt 325 € besorgen.
Wie viel muss Onkel Tom an der Kasse bezahlen?

c) Onkel Tom will im Sommer seine Blumen verkaufen. Er bietet „Blumen zum Selbstschneiden" an. Auf 1 $m^2$ Grund wachsen ca. 10 Sonnenblumen oder 25 Tulpen. Welchen Preis muss Onkel Tom pro Blume ungefähr verlangen, damit er mit dem Verkauf 2 000 € Gewinn macht? Er geht davon aus, dass er alle Blumen verkauft. (Eine Sonnenblume soll doppelt so viel wie eine Tulpe kosten.)

Tipp: Vergiss die Ausgaben aus b) nicht.

d) Wie viele Jahre müsste er den Blumenverkauf durchführen, damit er die Kosten für das Grundstück wieder erwirtschaften würde? Er rechnet dabei mit einem jährlichen Gewinn von 2 000 €.

e) Nach einigen Jahren verkauft Onkel Tom das Grundstück. Da es inzwischen Bauland geworden ist, macht er dabei nach Abzug der Verkaufsgebühren von 3 540 € einen Gewinn von 75 960 €.
Wie viel hat er für einen Quadratmeter Bauland bekommen?

Den Flächeninhalt A eines Rechtecks mit den Seitenlängen a und b berechnet man, indem man die beiden Seitenlängen miteinander multipliziert: $A = a \cdot b$

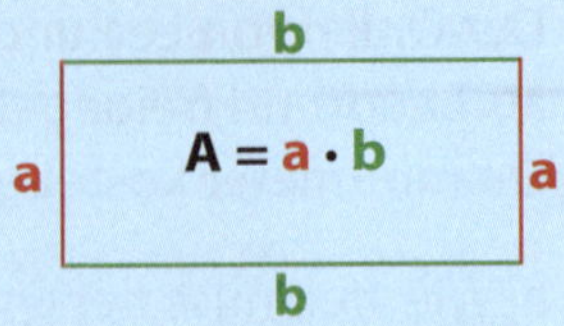


Den Umfang u eines Rechtecks mit den Seitenlängen a und b berechnet man, indem man alle Seitenlängen addiert:
$u = a + b + a + b = 2 \cdot a + 2 \cdot b$

**119** Berechne den Flächeninhalt und den Umfang des Rechtecks mit den Seitenlängen a = 3 cm und b = 2,5 dm.

**120** Das städtische Freibad hat ein 25 m langes Schwimmbecken mit sechs Bahnen, die jeweils 1,2 m breit sind. Da bereits häufig kleinere Kinder ins Becken gefallen sind, soll nun 50 cm vom Beckenrand entfernt eine rote Sicherheitsmarkierung auf den Boden gemalt werden (siehe Abbildung).

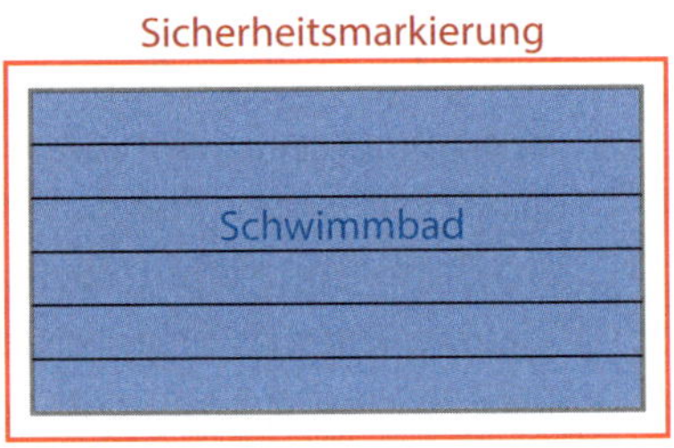


a) Wie lang wird die Sicherheitsmarkierung insgesamt?

b) Welche Fläche (in $m^2$) schließt die Sicherheitsmarkierung insgesamt ein?

**121** Wie verändert sich der Flächeninhalt eines Rechtecks, wenn man ...

a) eine Seitenlänge verdoppelt und die andere gleich lässt?

b) beide Seitenlängen halbiert? Tipp: Löse mit Hilfe der Zeichnung.

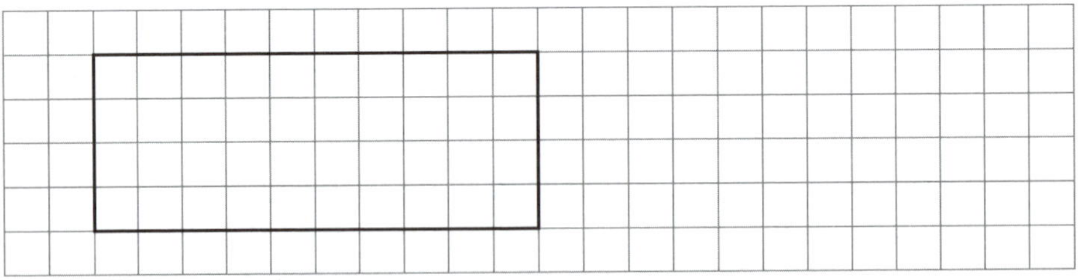

**122** Obwohl Herr Bernhard noch keine Baugenehmigung für sein Grundstück hat, plant er schon sein Traumhaus. Er möchte vor allem eine schöne, große Terrasse haben. Diese soll 9 m lang und 6 m breit werden. Im Baumarkt hat er sich dafür bereits quadratische Steinfliesen mit der Seitenlänge 30 cm ausgesucht. Als Umrandung für die Terrasse möchte er eine Steinfassung aus 50 cm langen Steinblöcken haben. An der einen langen Seite schließt die Terrasse direkt ans Haus an. An dieser Seite wird sie nicht mit Steinblöcken eingefasst.

▶ Was muss er für seine Traumterrasse bezahlen, wenn 10 Fliesen 8 € und zwei Steinblöcke 12 € kosten?

**123** Tim gibt Lea zwanzig Streichhölzer, die jeweils 4 cm lang sind, und lässt sie verschiedene Rechtecke damit legen. Er behauptet: „Du kannst kein Rechteck legen, das einen größeren Flächeninhalt als 4 $dm^2$ hat.“

a) Lege selbst verschiedene Rechtecke aus 20 Streichhölzern. Welchen Umfang haben alle diese Rechtecke, wenn man immer alle Streichhölzer verwendet?

b) Überprüfe Tims Aussage. Welche Seitenlängen hat das Rechteck mit dem größten Flächeninhalt?

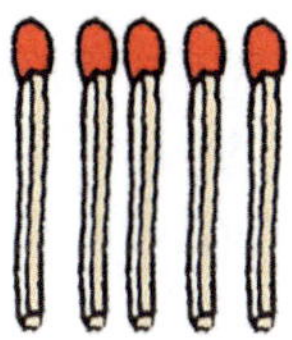

## Anordnen und vergleichen ganzer Zahlen

**124** Lies die Temperaturen ab.

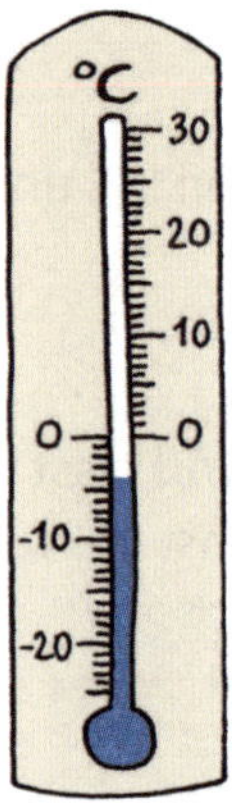


___ °C

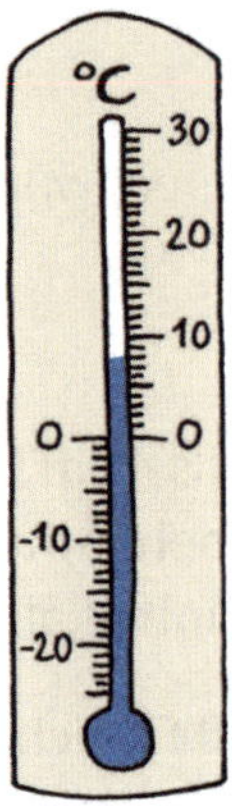


___ °C

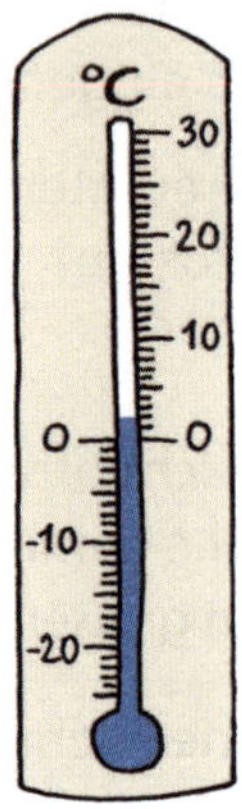


___ °C

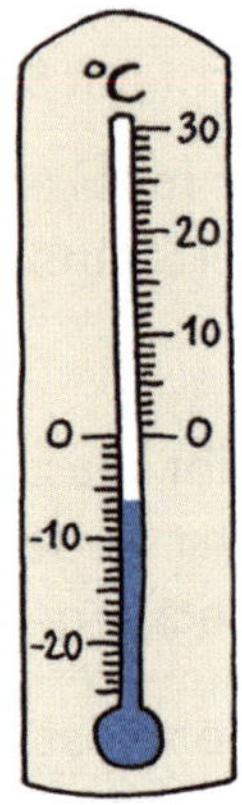


___ °C

Die **Menge der ganzen Zahlen** kürzt man mit $\mathbb{Z}$ ab.

Bei den positiven Zahlen kann man das Vorzeichen weglassen, bei den negativen nicht: $\mathbb{Z} = \{... -4; -3; -2; -1; 0; +1; +2; +3; +4; ...\}$ oder
$\mathbb{Z} = \{... -4; -3; -2; -1; 0; 1; 2; 3; 4; ...\}$

Die Menge der natürlichen Zahlen wird um die Null und die negativen Zahlen ergänzt. Der Zahlenstrahl wird zur **Zahlengeraden** erweitert:

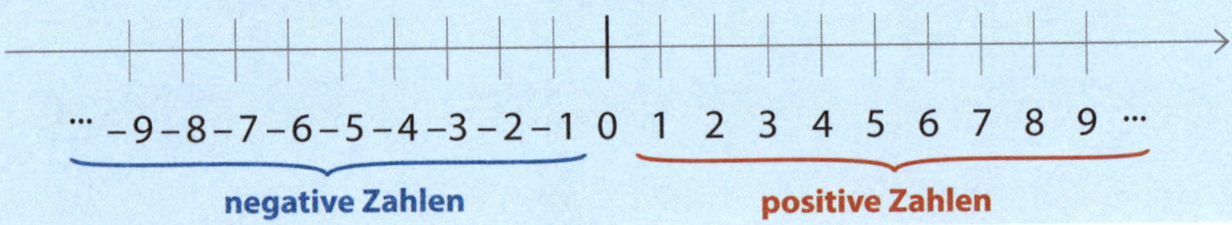


**125** Welche ganze Zahl ist hier gesucht?

a) Die kleinste, positive ganze Zahl? ___

b) Die größte, negative ganze Zahl? ___

c) Die größte ganze Zahl? ___

d) Die kleinste ganze Zahl? ___

**126** Trage auf den beiden Zahlengeraden die markierten Zahlen richtig ein:
Färbe die Kästchen mit **positiven Zahlen rot**, mit **negativen blau**.

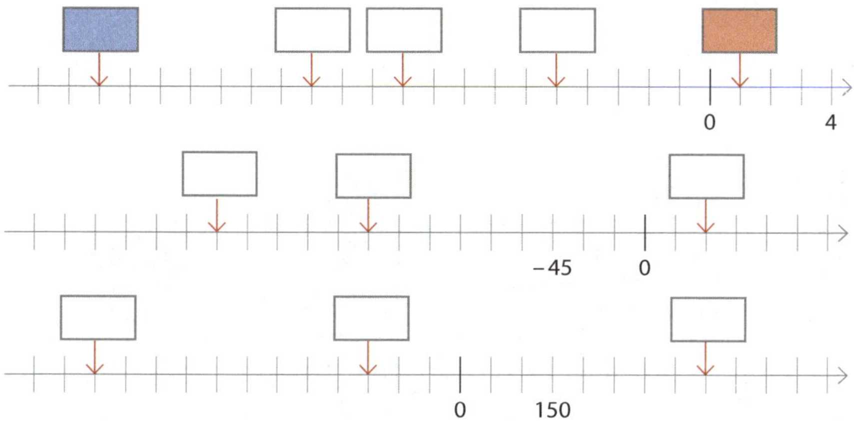


**127** Auf den Abschnitten der Zahlengeraden sollen jeweils drei Zahlen stehen. Zwei Zahlen sind vorgegeben. Die rote Zahl steht immer genau in der Mitte zwischen den beiden schwarzen. Ergänze die Lücken.

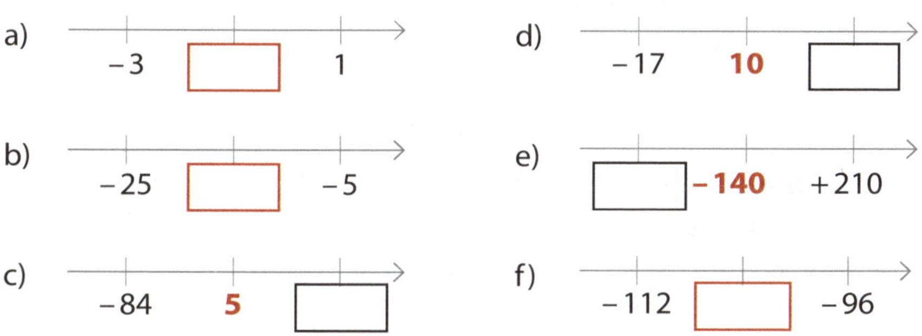


**128** Finde die Zahlen. Welche ganzen Zahlen sind auf der Zahlengeraden ...

a) um genau 2 Einheiten von der Zahl −11 entfernt? ____________________

b) um höchstens 2 Einheiten von der Zahl −1 entfernt? ____________________

c) von der Zahl −25 um mindestens 20 Einheiten entfernt? ____________________

______________________________________________

**129** Tim ist mit seinen Eltern im Kaufhaus unterwegs. Er darf alleine in der Spielwarenabteilung stöbern, muss aber nach 30 Minuten zu Mama und Papa in die Herrenabteilung kommen.

▶ Wie viele Stockwerke muss er im Lift zurücklegen? Schreibe eine passende Rechnung.

**130** Lea hat ihren Papa im Büro besucht und dort ihr Handy vergessen. Leider weiß sie nicht mehr, in welchem Stockwerk das Büro war. Sie kann sich nur noch an Folgendes erinnern:

„Vor Papas Büro bin ich in den Lift eingestiegen. Im Lift war bereits ein netter Herr und der Aufzug fuhr sieben Stockwerke nach unten. Dort wollte ich dann aussteigen, aber es sind fünf Männer in dunklen Anzügen eingestiegen, so dass ich nicht rausgekommen bin. Die Männer wollten elf Stockwerke nach oben fahren. Drei Stockwerke davor drückte ich auf STOPP und stieg schnell aus. Mit dem nächsten Lift bin ich dann sechs Stockwerke abwärts gefahren und beim Ausgang gelandet."

▶ Hilf Lea ihr Handy wiederzufinden.

| | |
|---|---|
| 10 | Technik |
| 9 | Chefetage |
| 8 | Entwicklung |
| 7 | Marketing |
| 6 | Öffentlichkeitsarbeit |
| 5 | Vertrieb |
| 4 | Buchhaltung |
| 3 | Kantine |
| 2 | Personalabteilung |
| 1 | Information |
| 0 | Ein-/Ausgang |
| −1 | Parken A |
| −2 | Parken B |
| −3 | Parken C |
| −4 | Archiv |

# Betrag und Gegenzahl

**1.** Der **Abstand einer Zahl von Null** auf der Zahlengeraden heißt **Betrag** dieser Zahl.

Zum Beispiel ist die Zahl −3 von Null 3 Einheiten entfernt, ihr Betrag ist also 3. Man schreibt: $|-3| = 3$ Man sagt: Der Betrag von −3 ist 3.

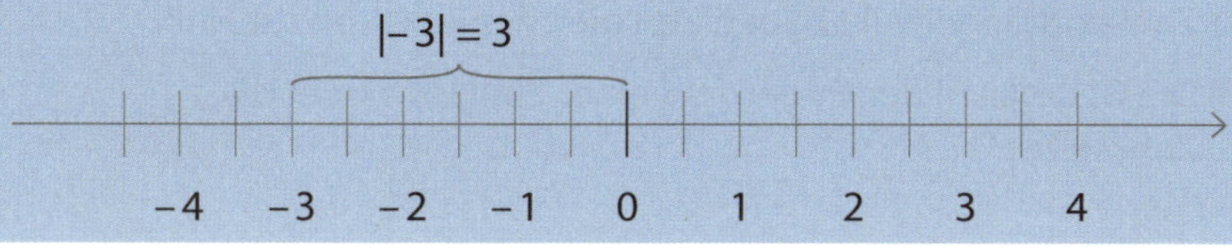


**131** Bestimme die Beträge der folgenden Zahlen:

$|+3| =$ ______ $|-19| =$ ______ $|18| =$ ______ $|-45| =$ ______

$|-5| =$ ______ $|0| =$ ______ $|-18| =$ ______ $|+2\,937| =$ ______

**2.** Zwei **Zahlen, die den gleichen Betrag haben**, nennt man **Gegenzahlen**.

Die Zahlen 4 und −4 haben den gleichen Betrag: $|4| = |-4| = 4$.
Also ist 4 die Gegenzahl von −4 und umgekehrt −4 die Gegenzahl von 4.

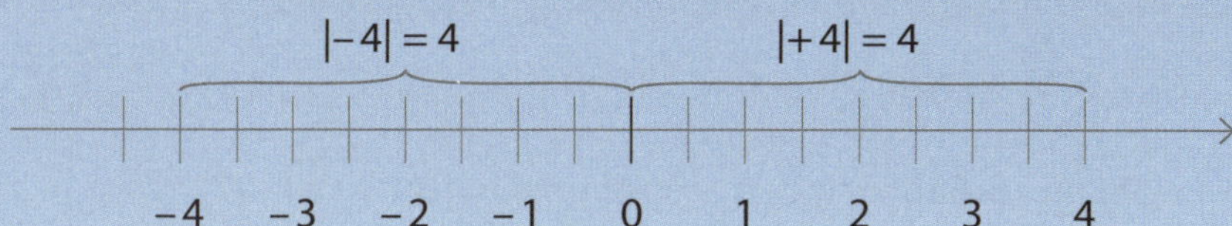


**132** a) Trage folgende Zahlen, sowie ihre Gegenzahlen ein: −7 ; 3 ; 0 ; −5 ; 1

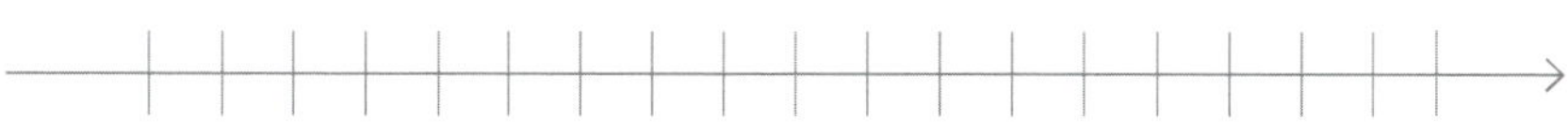

b) Welche Zahl liegt immer genau in der Mitte zwischen einer Zahl und ihrer Gegenzahl?

**133** Richtig oder falsch? Kreuze an und begründe mit Hilfe der Zahlengeraden oder widerlege durch ein Beispiel folgende Aussagen:

| | richtig | falsch |
|---|---|---|
| a) Zahl und Gegenzahl sind immer verschieden. | | |
| b) Die Gegenzahl einer natürlichen Zahl ist immer negativ. | | |
| c) Zahl und Gegenzahl haben den gleichen Abstand zur Null. | | |
| d) Die Gegenzahl der Gegenzahl einer Zahl ist wieder die Zahl selbst. | | |

Auf einer waagrechten Zahlengeraden werden die Zahlen in Richtung der Pfeilspitze, also nach rechts, immer größer.
Je **weiter links** eine Zahl liegt, umso **kleiner** ist sie.

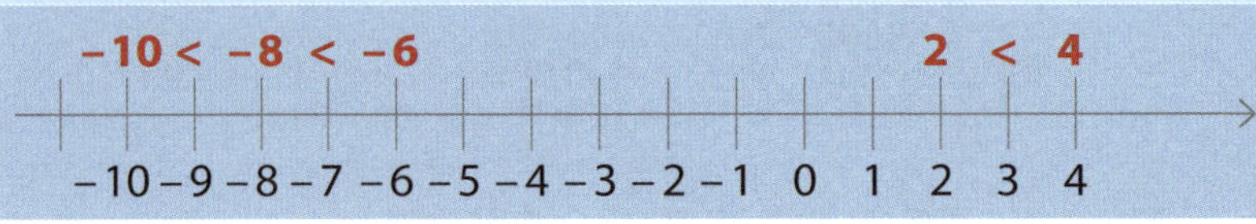


**134** Setze in das Kästchen ☐ das richtige Zeichen ein: <, >, =.

–7 ☐ –11

|–2| ☐ –1

–5 974 ☐ –5 967

|–14| ☐ +15

|58| ☐ |–65|

27 ☐ |–27|

**135** a) Sortiere die angegebenen Zahlen ihrer Größe nach. Beginne mit der kleinsten Zahl: 0; 5; – 13; 54; – 2; 2

_____ < _____ < _____ < _____ < _____ < _____

b) Sortiere nun die Beträge dieser Zahlen der Größe nach.

_____ < _____ = _____ < _____ < _____ < _____

# Addition und Subtraktion ganzer Zahlen

Bei der Addition und der Subtraktion muss man zwischen **Rechenzeichen** und **Vorzeichen** der Zahlen unterscheiden. Am einfachsten denkt man sich einen großen Zahlenstrahl, auf welchem man die Rechnung selbst ausführt.

Rechenzeichen ≙ Blickrichtung:
+ in Pfeilrichtung schauen
– gegen die Pfeilrichtung schauen

Vorzeichen ≙ Laufrichtung:
+ vorwärts gehen
– rückwärts gehen

$(-3) + (+2) = -1$

$(-3) - (+2) = -5$

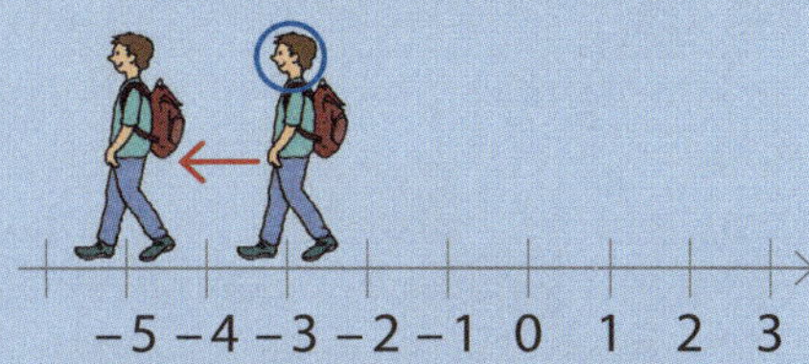


$(-3) + (-2) = -5$

$(-3) - (-2) = -1$

**136** Berechne.

a) $(-7) - (+8) =$ ______

b) $(-8) + (+27) =$ ______

c) $(+48) + (-36) =$ ______

d) $(-111) - (+45) =$ ______

**137** Bestimme jeweils den **Abstand** der Zahlen auf der Zahlengerade.

a) 8 und 5 → ______

b) –3 und –10 → ______

c) 12 und –8 → ______

**138** Fülle die Lücken aus.

a) (– 38) – ( ______ ) = 0 b) ( ______ ) + (+ 12) = – 3 c) (+ 26) – ( ______ ) = – 26

**139** **Addiere** die nebeneinanderstehenden Zahlen in der Zahlenmauer.
Das Ergebnis steht jeweils darüber.

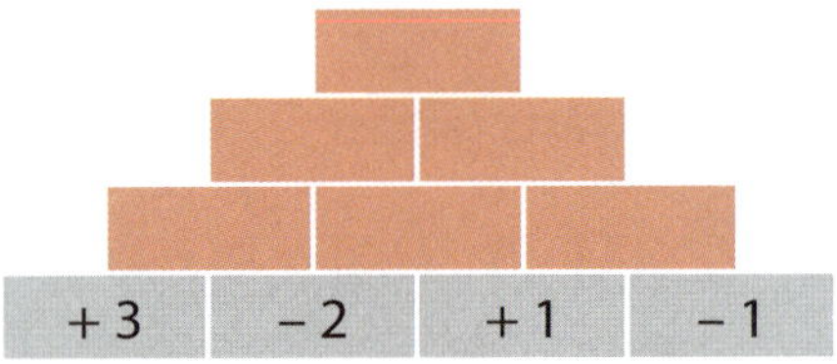


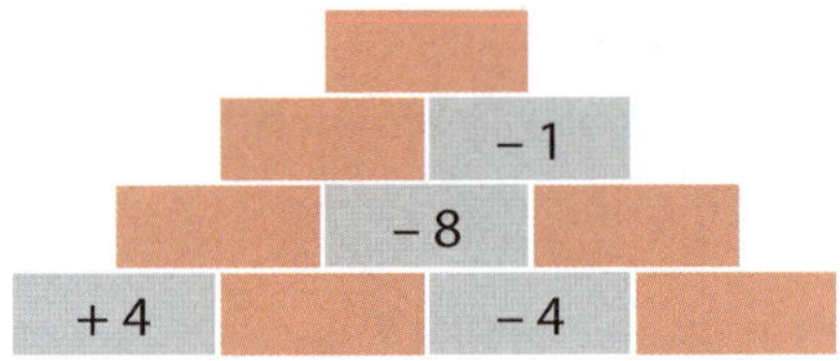


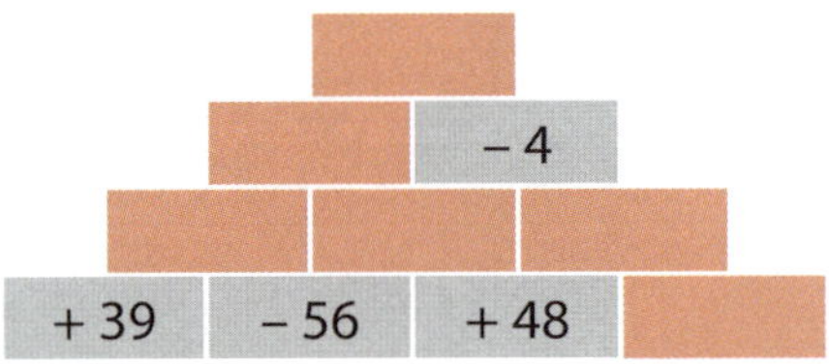


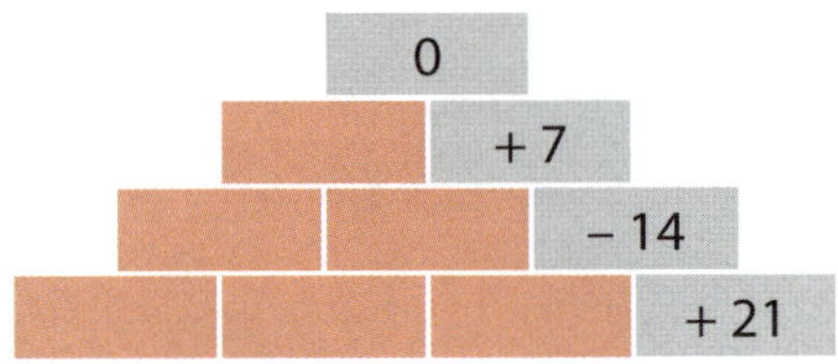


**140** Richtig oder falsch? Kreuze an und begründe.

| | richtig | falsch |
|---|---|---|
| a) Addiert man zu einer Zahl ihre Gegenzahl, so erhält man 0. | | |
| b) Die Differenz aus Zahl und Gegenzahl ist 0. | | |
| c) Haben beide Summanden negative Vorzeichen, so ist das Ergebnis immer negativ. | | |
| d) Addiert man zwei ganze Zahlen, so ist das Ergebnis immer größer als die größere der beiden Zahlen. | | |
| e) Die Summe zweier Zahlen ist immer größer als die Differenz der Zahlen. | | |

| Auflösen von Zahlenklammern zur Termvereinfachung | |
|---|---|
| Zwei gleiche Zeichen: **Plus** | Zwei verschiedene Zeichen: **Minus** |
| $(+3) + (+6) = 3 + 6$ | $(-3) + (-6) = -3 - 6$ |
| $(+3) - (-6) = 3 + 6$ | $(-3) - (+6) = -3 - 6$ |

**141** Schreibe die folgenden Rechnungen ohne Klammern und rechne aus.

a) $(-5) + (-5) =$ ________

b) $(-986) - (+256) =$ ________

c) $(+45) - (-38) + (-27) =$ ________

**142** Berechne möglichst vorteilhaft.

a) $45 + 16 - 15 + 24 =$ ________

b) $(74 - 45 + 90) - (-18) - 8 =$ ________

**143**

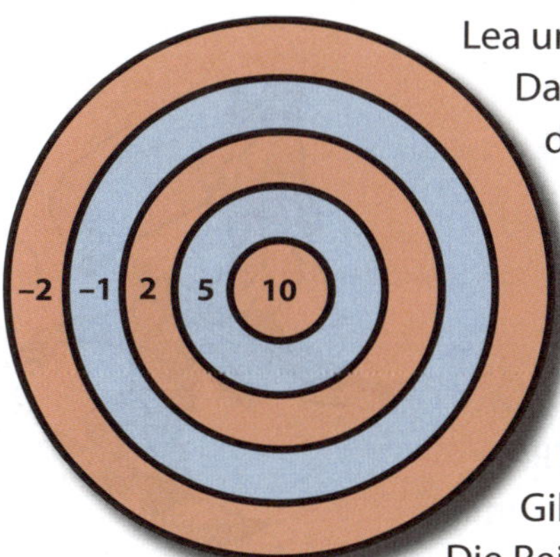


Lea und Tim haben ihre eigene Zielscheibe zum Dartspielen gebastelt. Jeder der beiden hat drei Würfe. Trifft man die Scheibe nicht, wird der Wurf wiederholt. Die Punkte der drei Würfe werden am Ende addiert.

a) Wie viele Punkte kann man maximal und minimal erreichen?

b) Lea hat insgesamt 6 Punkte erreicht. Gib alle Möglichkeiten ihrer drei Treffer an. Die Reihenfolge der geworfenen Punkte ist egal.

c) Tim hat beim 1. Wurf 2 Punkte und im 2. Wurf –1 Punkt erzielt. Welchen Ring muss er beim 3. Wurf treffen, um Lea zu schlagen?

**144** Stelle den passenden Term auf und berechne dann.

a) Addiere 65 zur Differenz aus der Zahl 18 und ihrer Gegenzahl.

b) Bilde die Differenz aus 346 und – 24 und verkleinere das Ergebnis um die Summe aus der Zahl 38 und deren Gegenzahl.

c) Das Ergebnis einer Summe ist 25. Der 2. Summand ist – 15. Berechne den ersten Summanden.

**145** Lea geht mit ihren Freunden zum Bowlen. Leider hat sie ihren Geldbeutel vergessen. In ihrer Tasche befinden sich noch 8 €. Den Rest kann sie sich von ihrer Freundin Lena ausleihen. Nach dem Bowlingtag hat sie bei Lena 7,50 € Schulden.

▶ Wie viel kostete für Lea der Beitrag zur Bowlingbahn, wenn sie sich noch zusätzlich zwei Getränke für je 2,50 € gekauft hatte?

**146** Tim und Lea sind mit ihren Eltern im Skiurlaub. Tim misst jede Nacht zur selben Uhrzeit die Außentemperatur. Die Tabelle zeigt seine Messungen.

| Urlaubstag | Mo | Di | Mi | Do | Fr | Sa |
|---|---|---|---|---|---|---|
| Temperatur in °C | 5 | – 3 | – 10 | 4 | 0 | – 8 |

a) Gib den maximalen und den minimalen Temperaturunterschied zwischen zwei aufeinanderfolgenden Nächten an.

b) Gib den maximalen Unterschied in der ganzen Woche an.

c) Die Temperatur nimmt in etwa um 3 Grad pro 500 m ab. Die Spitze des Skibergs liegt bei 3 000 m Höhe, die Messstation von Tim liegt auf 1 500 m. Gib die kälteste Temperatur auf der Skibergspitze in Tims Urlaubswoche an.

**147** Die 11. Klasse an Lea und Tims Gymnasium veranstaltet über das gesamte Schuljahr immer wieder Aktionen, um Geld für den Druck der Abizeitung zu verdienen. Das Diagramm zeigt ihre Gewinne bzw. Verluste für jeden Monat des Schuljahres in €.

a) In welchem Monat wurde 4-mal so viel Verlust gemacht, wie im September eingenommen wurde?

b) Wie viel Geld wurde im Mai mehr eingenommen als im April?

c) Wie viel Gewinn oder Verlust haben die Schüler insgesamt am Ende des Schuljahres gemacht? Berechne.

d) Die Abizeitung soll für alle 100 Schüler der 11. Jahrgangsstufe umsonst sein. Ist dies möglich, wenn sie pro Zeitung mit 8 € rechnen? Wenn nicht, wie viel muss jeder Schüler noch für eine Zeitung zahlen?

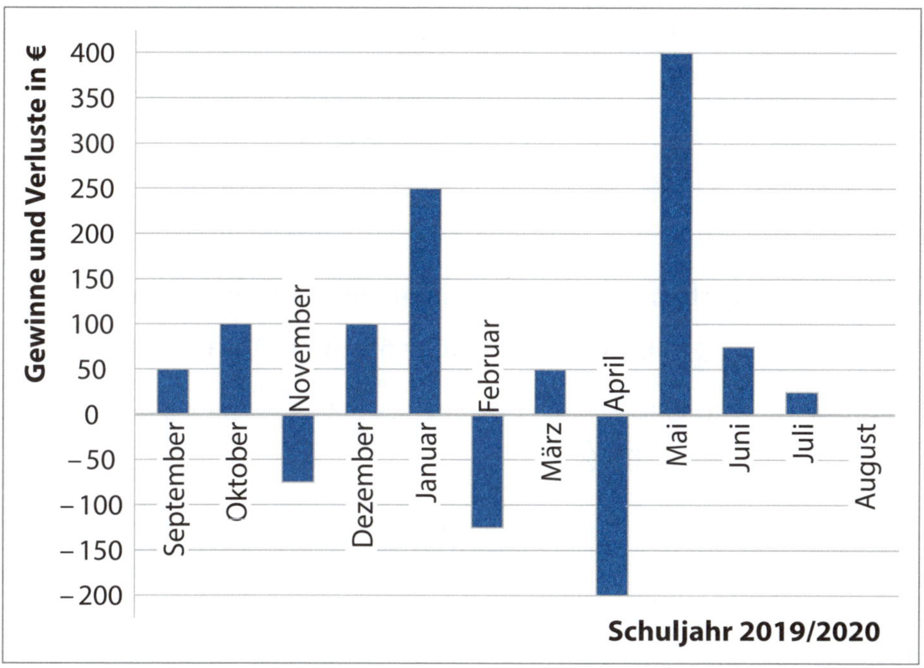

# Multiplikation und Division ganzer Zahlen

**Regel für die Multiplikation ganzer Zahlen:**
Multipliziere zunächst die Beträge. Haben beide Faktoren das **gleiche Vorzeichen**, so ist der **Produktwert positiv**.

$(-3) \cdot (-5) = +15$ $(+3) \cdot (+5) = +15$

Haben beide Faktoren **verschiedene Vorzeichen**, so ist der **Produktwert negativ**.

$(-3) \cdot (+5) = -15$ $(+3) \cdot (-5) = -15$

**Multiplikation mit Null:** Für alle ganzen Zahlen a gilt: $0 \cdot a = a \cdot 0 = 0$

$-3 \cdot 0 = 0$ $0 \cdot (-3) = 0$

Beachte beim **Potenzieren** die Klammersetzung.

$-4^2 = -(4 \cdot 4) = -16$ $(-4)^2 = (-4) \cdot (-4) = +16$

**148** Berechne im Kopf.

a) $(-8) \cdot (+5) =$ ______
b) $(-11) \cdot (-5) =$ ______
c) $(-3 + 7) \cdot (+13) =$ ______
d) $(-80) \cdot (-20) =$ ______
e) $(-6)^2 =$ ______
f) $-6^2 =$ ______

**149** Berechne. Beachte: Klammern vor Potenz vor Punkt vor Strich.

$(+65) - (-15) \cdot (-20) = \mathbf{65 + 15 \cdot (-20) = 65 + (-300) = 65 - 300 = -235}$

a) $(-2) \cdot (-8) \cdot (-3) =$ ______

b) $(-5) + [(+14) \cdot (-5)] \cdot (-20) =$ ______

______

c) $(+64) \cdot [(-13) - (-37)] + (-3)^4 =$ ______

______

d) $-5^4 \cdot [(-23) \cdot (+4)] - (-3) =$ ______

______

**150** Fülle die Lücken aus.

a) $(-435) \cdot (\_\_\_\_\_\_) = 0$

b) $(\_\_\_\_\_\_) \cdot (+3) = -12$

c) $(-75) \cdot (\_\_\_\_\_\_) = +75$

d) $(\_\_\_\_\_\_) \cdot (-15) = 45$

e) $(-1)^8 \cdot (-5^2) \cdot (\_\_\_\_\_\_)^3 = 200$

f) $(-3)^2 \cdot (\_\_\_\_\_\_) = -81$

g) $[(-5) \cdot (-5)]^0 \cdot (\_\_\_\_\_\_) = 1$

h) $(\_\_\_\_\_\_)^3 \cdot (-1) = 27$

**151** **Multipliziere** nebeneinanderstehende Zahlen in der Zahlenmauer. Das Ergebnis steht jeweils darüber.

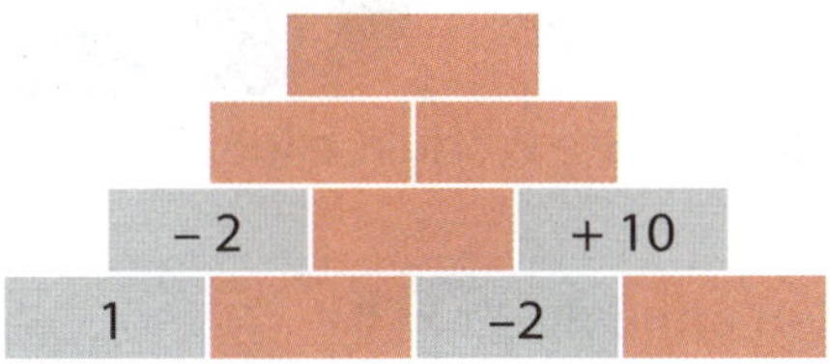


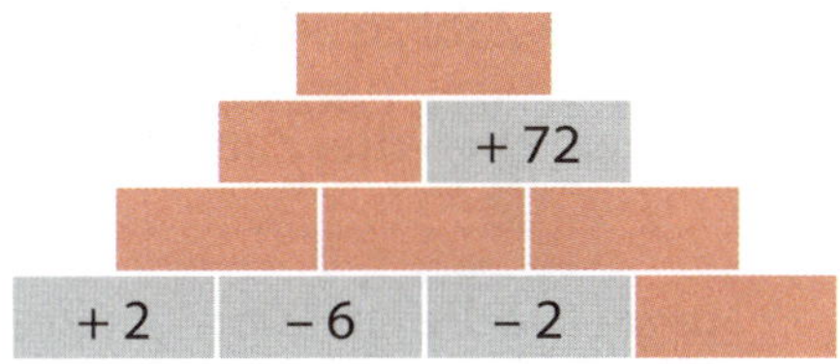


**152** Richtig oder falsch? Kreuze an und begründe.

| | richtig | falsch |
|---|---|---|
| a) Durch Multiplikation kann man eine Zahl nicht in ihre Gegenzahl verwandeln. | | |
| b) Multipliziert man zwei natürliche Zahlen, so ist das Produkt wieder eine natürliche Zahl. | | |
| c) Ist ein Faktor bei der Multiplikation negativ, so ist das Produkt auch negativ. | | |
| d) Jede Potenz von (– 1) ist eine negative Zahl. | | |
| e) Ein Produkt aus zwei ganzen Zahlen ist immer größer als jeder der einzelnen Faktoren. | | |
| f) Das Produkt zweier Zahlen kann auch 0 sein. | | |

**153** Beschreibe bei den folgenden Aufgaben deinen Lösungsweg.

a) Welche Aussage kannst du über die Vorzeichen von vier Faktoren treffen, wenn deren Produkt negativ bzw. positiv ist?

b) Für welche ganze Zahlen a ist $(-1)^a$ negativ?

**154** Auf den Kärtchen befinden sich ganze Zahlen.

a) Bilde aus zwei Karten das Produkt mit dem größten Betrag.

b) Welche zwei Zahlen musst du multiplizieren, um die kleinste Zahl zu erhalten? Berechne diese auch.

c) Aus welchen drei Zahlen kannst du das größte Produkt bilden?

**Regel für die Division ganzer Zahlen ohne die Zahl 0**
Dividiere zunächst die Beträge.
Haben Dividend und Divisor das **gleiche Vorzeichen**, so ist der **Quotientwert positiv**.

$(-15) : (-5) = +3$
$(+15) : (+3) = +5$

Haben Dividend und Divisor **verschiedene Vorzeichen**, so ist der **Quotientwert negativ**.

$(-15) : (+5) = -3$
$(+15) : (-3) = -5$

**Sonderfälle für das Rechnen mit Null:**
Für alle ganzen Zahlen $a \neq 0$ gilt: $0 : a = 0$
$a : 0$ kann nicht berechnet werden

Man darf nicht durch 0 teilen!

**155** Berechne im Kopf, wenn möglich.

a) $(-8) : (+8) =$ ______

b) $(-21) : (-7) =$ ______

c) $(-0) : (+1\,024) =$ ______

d) $(+268) \cdot (-32) : (0) =$ ______

e) $(4\,800) : [(-40) \cdot (-3)] =$ ______

f) $(-256) : [(-2)^4] =$ ______

**56** Berechne. Überschlage das Ergebnis zunächst.

$(+322) : (-14) + (-7) \cdot (+3)$

Überschlag: $\mathbf{(+300) : (-10) + (-20) = -30 - 20 = -50}$

Exakt: $\mathbf{-23 + (-21) = -23 - 21 = -44}$

a) $(-275) : [(-80) : (-4^2)]$

Überschlag: ______________________________

Exakt: ______________________________

______________________________

b) $|(-65) : (-5)| \cdot [238 \cdot (-35)]$

Überschlag: ______________________________

Exakt: ______________________________

______________________________

**57** Stelle den passenden Term auf und berechne dann.

a) Multipliziere das Produkt aus der Zahl (−38) und deren Gegenzahl mit dem Quotienten aus (−75) und (+5).

b) Bilde den Quotienten aus dem Divisor (+16) und dem Dividenden (+128). Addiere zum Ergebnis den Quotienten aus 225 und dem Produkt aus (+3) und (−5).

**58** Für ein Klima-Forschungsprojekt misst Lea im Dezember eine Woche lang jede Nacht zur selben Uhrzeit die Außentemperatur. Die Tabelle zeigt ihre Messungen.

| Tag | Mo | Di | Mi | Do | Fr | Sa | So |
|---|---|---|---|---|---|---|---|
| Temperatur in °C | 8 | −2 | −6 | 5 | −4 | −8 | 0 |

▶ Berechne aus den Messwerten die durchschnittliche Temperatur.

## Verbinden der Grundrechenarten – Terme

**159** Berechne den Wert der Terme schrittweise auf deinem Block. Denke an die „KlaPPS-Regel" (siehe vor Aufgabe **64**).

a) $\{-14 + 125 - 3 \cdot [54 + (-37)]\} : 4 - (-37 + 45)$

b) $5 \cdot [2 - (845 - 943) + 25] + (598 - 1\,756)$

**160** Rechne vorteilhaft. Diese Aufgaben kannst du im Kopf lösen.

a) $13 \cdot (125 + 178 - 25) - 13 \cdot (230 + 48) =$ ______

b) $[(-56) : (-6) + (+20) : (-6)]^2 =$ ______

**161** Stelle einen Term auf. Berechnen musst du ihn nicht.

a) Addiere zur Zahl 845 das Produkt aus der Differenz von 895 und 451 und der Summe aus 48 und 52.

______________________________

b) Dividiere die Summe aus 456 und 846 durch die Differenz aus 56 498 und 56 064.

______________________________

c) Multipliziere die Summe aus 38 und 7 mit dem Quotienten, dessen Dividend die Differenz aus 874 und 979 ist und dessen Divisor die Summe aus 23 und 12 ist.

______________________________

**162** Schreibe die Terme in Worten (wie in Aufgabe **161**). Eine Berechnung ist hier nicht verlangt.

a) $(54\,712 + 6\,888) : (843 - 1\,459)$

b) $541 + 3 \cdot (846 - 6\,841)$

c) $5\,584 + 5\,484 : (5\,484 - 5\,485)$

**63** Setze in den Term 72 : 12 – 3 + 45 an einer Stelle Klammern so ein,

a) dass dessen Termwert möglichst groß wird: ____________________

b) dass dessen Termwert negativ wird: ____________________

**64** **Zahlenfolgen**: Finde jeweils die Vorschrift heraus und gib die nächsten zwei Zahlen der Folge an. Betrachte dazu das Beispiel.

– 3, + 6, – 12, + 24, – 48, **+ 96, – 192**

– 3 —**Vorschrift: · (– 2)**→ + 6 —**· (– 2)**→ – 12 —**· (– 2)**→ …

a) – 1, – 3, – 5, – 7, – 9, – 11, ______, ______ Vorschrift: ______→

b) – 5, + 25, – 125, ______, ______ Vorschrift: ______→

c) 496, 248, 124, ______, ______ Vorschrift: ______→

d) 5, 1, 3, – 1, 1, ______, ______ Vorschrift: erst ______, dann ______→

e) + 3, – 6, – 4, + 8, + 10, – 20, – 18 ______, ______

Vorschrift: erst ______, dann ______→

**65** Leas große Cousine Sophia reist im Sommer für 4 Wochen für ein Praktikum nach Norwegen. Hin- und Rückflug kosten zusammen 1 876 €. Sie verbringt jede Woche in einer anderen norwegischen Stadt. Dort arbeitet sie pro Woche 4 Tage jeweils 8 Stunden. Für Unterkunft und Essen plant sie pro Woche 320 €. Ihre Eltern haben ihr für den Aufenthalt 600 € überwiesen, sie selbst hat 2 044 € gespart.

▶ Wie hoch muss der Stundenlohn mindestens sein, damit die noch fehlenden Kosten gedeckt sind?

**166** Der Gefrierschrank (Betriebstemperatur – 18 °C) von Lea und Tim muss abgetaut werden. Dazu muss die Temperatur auf Raumtemperatur (22 °C) gebracht werden.

a) Berechne die durchschnittliche Temperaturzunahme pro Stunde, wenn der Vorgang 5 Stunden dauert.

b) Anschließend muss der Gefrierschrank wieder auf Betriebstemperatur abgekühlt werden. In den ersten 4 Stunden schafft der Gefrierschrank eine Abkühlung von 6 °C pro Stunde. Nach der ersten Abkühlung wird nur noch eine Abnahme von 4 °C pro Stunde erreicht.
Wie lang dauert der gesamte Kühlprozess?

**167** Der Obststandbesitzer Xaver geht in der Früh zum Großmarkt und kauft ein: eine 30-kg-Kiste Äpfel für 35 €, eine 10-kg-Kiste Weintrauben für 45 € und eine 25-kg-Kiste Pflaumen für 30 €.

a) Welchen Gewinn macht er, wenn er alles verkaufen kann?

b) Da es an diesem Tag sehr kalt war, konnte er außer den kompletten Weintrauben fast nichts verkaufen und hat einen Verlust von 10,45 € gemacht. Wie viele Pflaumen sind noch übrig, wenn er doppelt so viele Äpfel wie Pflaumen verkauft hat?

# Stichwortregister

Hier siehst du Stichwörter, zu denen du passende Aufgaben findest. **Fett gedruckte Aufgabennummern** (z. B. **vor 136**) geben dir einen Hinweis, wo Merkkästen zu Begriffen stehen. Inhaltliche, nicht mathematische Stichwörter sind ***kursiv*** gedruckt (z. B. ***Bakterien***).